Elogios para *La tormenta*

interior

«Cuando la vida se sienta como una tormenta, este libro nos ayudará a anclarnos en la verdad mientras nos refugiamos con la esperanza. Me encanta el mensaje restaurador que esta obra infunde».

—Lysa TerKeurst, escritora de éxito según el *New York Times* y presidenta de los Proverbs 31 Ministries

«Un libro efusivo, consolador y profundamente personal. Leerlo es casi como sentarse al lado de Sheila Walsh y tener una conversación al nivel del alma con respecto a las tormentas que están ocultas en nuestros corazones como mujeres. Su libro me hizo llorar varias veces, no porque sea triste, sino porque pensé en mi interior: *Sheila comprende*. Ella entiende qué son las heridas y luchas, qué es tener preguntas sin respuesta, qué es fracasar, perder y, en última instancia, confiar sin reservas en Dios. Será un libro al que regresaré una y otra vez cuando mi fe flaquee o simplemente necesite que se me recuerde de nuevo el amor inagotable del Señor por mí».

—Kay Warren, Saddleback Church, Lake Forest, California

«Sheila posee una sorprendente destreza para comunicar la libertad y el gozo que se obtienen en Jesús, sin que importe quiénes seamos ni qué pudiera habernos ocurrido en la vida. Su pasión es contagiosa y su mensaje resulta valiosísimo. Creo que este libro transformará el modo en que ves a Jesús, a ti mismo y al mundo que te rodea».

—Judah Smith, pastor principal de City Church, Seattle, Washington

«Sheila es valiente y sincera [...] Vergüenza, falta de perdón, desilusión, amargura, temor, inseguridad, ira y abandono, todo eso y mucho más es lo que ella aborda en este novedoso libro. Te recomiendo mucho que lo leas o lo compres para regalárselo a alguien que aprecias. No te arrepentirás».

—Mark Batterson, exitoso autor según el *New York Times* del libro *El hacedor de círculos* y pastor principal de National Community Church, Washington, DC

«No digo esto muy a menudo, pero cuando lo hago, hablo en serio. ¡Este libro cambiará tu vida! Léelo tan pronto como puedas».

—Christine Caine, fundadora de A21

«Sheila Walsh tiene una extraña habilidad para sondear las verdades más profundas sin parecer superficial o sermoneadora. Ella conmueve el corazón, alivia el alma e inspira el espíritu. ¡Estoy muy agradecido por ella y este libro!».

—MAX LUCADO

«Mi amiga Sheila sabe qué se siente cuando se pierde la fortaleza humana; ella *comprende* la lucha en medio del sufrimiento y la tenebrosa noche del alma [...] ¡Si sientes que tu mundo está fuera de control o se está destruyendo, este libro es para ti!».

—JONI EARECKSON TADA, CENTRO INTERNACIONAL DE DISCAPACIDAD JONI Y SUS AMIGOS

«La pluma [de Sheila] ha creado un hermoso manuscrito que tiene la capacidad de transformar la vida de todo el que lo lea. Sostienes en tus manos el libro correcto».

—PRISCILLA SHIRER, ESCRITORA Y CONFERENCISTA

«Al haber enfrentado últimamente mis propias tormentas, este libro es como un salvavidas motivador que me recuerda que soy quien Dios afirma que soy, así como que mi vergüenza y mis equivocaciones no me definen; al contrario, soy una hija del Rey con un propósito y un destino para mi vida».

—NATALIE GRANT, NOMINADA AL GRAMMY Y CINCO VECES VOCALISTA FEMENINA DEL AÑO DE GMA

«Sheila Walsh ha escrito un libro que nos animará, iluminará y recordará a todos que nunca estamos solos cuando atravesamos nuestros sufrimientos y luchas. ¡Realmente me encanta este libro!».

—MAC POWELL, VOCALISTA PRINCIPAL Y COMPOSITOR DE THIRD DAY

«Recibir la influencia del ministerio [de Sheila] es estar más cerca del corazón de Dios. Ella es la encarnación de la franqueza, y confío en que todo el que se acerque a su historia, experiencia y sabiduría resultará transformado para siempre».

—BOBBIE HOUSTON, HILLSONG CHURCH

«Durante años he buscado el mejor libro para ofrecerles a las mujeres que están luchando con una serie de emociones dolorosas: temor, ira, vergüenza, amargura [...] He aquí la esperanza que has estado buscando. He aquí la verdad que necesitas».

—LIZ CURTIS HIGGS, AFAMADA AUTORA DE *MUJERES MALAS DE LA BIBLIA* Y *THE GIRL'S STILL GOT IT*

«Esta es la Sheila clásica: ¡afectuosa, ingeniosa y triunfadora! Deja que ella te ayude a pasar las tormentas interiores y encontrar un día más brillante en Cristo».

—Lee Strobel, laureado autor según el *New York Times*

«Con un candor rara vez igualado, Sheila aborda temas que la pudieron haber alejado de Cristo hace años [...] *La tormenta interior* constituye su mejor obra, y es realmente un honor apoyar este proyecto espectacular, así como a la mujer que se ha convertido para mí en amiga, animadora, guía y una inspiración en general».

—Angie Smith, conferencista de Women of Faith (Mujeres de fe)

«Puedo decir de manera rotunda que [Sheila] es una de las mujeres más valientes que he conocido [...] así que no hay nadie mejor para escribir acerca de dificultades y recuperación. Ella ha luchado con lo inimaginable y se ha mostrado inconmovible en su fe. Por lo tanto, amada lectora, permite que el consejo de este ofrecimiento calme tu corazón y te asegure que no estás sola».

—Patsy Clairmont, autora de *Twirl...A Fresh Spin at Life*

«*La tormenta interior* me hizo reír, llorar, suspirar y por último apoyarme más en la gracia restauradora de Dios [...] leerlo fue como dar un "salto confiado" hacia el incondicional afecto divino [...] ¡Este es su mejor libro!».

—Lisa Harper, escritora, maestra de la Biblia y conferencista de Women of Faith

«Las tormentas pueden ser devastadoras, pero al final el viento y los truenos se calman y la lluvia sigue adelante. Las tormentas más peligrosas que enfrentamos son aquellas que rugen sin control dentro de nosotras. Mi amiga Sheila Walsh nos abre el libro de su vida para ayudarnos a encontrar nuestro camino hacia la luz y la esperanza cuando nuestra alma es sacudida por la tormenta».

—Lisa Bevere, afamada escritora de *Mujeres con espadas*

«Sheila llega a nosotros con el consuelo de una amiga atesorada, dispuesta a hacer las preguntas que yacen bajo la superficie de nuestros egos exhibidos y a motivarnos a enfrentar los sentimientos que crean caos en nuestra vida. *La tormenta interior* te sostendrá con amor y gracia, pero te apremiará con la verdad y la esperanza».

—Jenni Catron, autora de *Clout: Discover and Unleash Your God-Given Influence*

«Si anhelas descubrir la verdad de quién eres realmente, lee este libro. Lo recomiendo ampliamente».

—Jack Graham, pastor de Prestonwood Baptist Church, Plano, Texas

«[Sheila] usa su maravilloso sentido del humor y habla con tal transparencia de sus propios retos, que me hizo sentir capaz de atravesar las tormentas en mi vida. ¡Alístate para sentirte fortalecida e inspirada!».

—Holly Wagner, pastora de Oasis Church; escritora y fundadora de *Chicas de Dios*

«Tu identidad está firmemente anclada en el logro de Cristo, no en el tuyo; en sus fuerzas, no en las tuyas; en su actuación, no en la tuya; en su victoria, no en la tuya. ¡Esto significa que eres libre! Gracias, Sheila, por recordármelo. Siempre se me olvida».

—Tullian Tchividjian, pastor de Coral Ridge Presbyterian Church y autor of *One Way Love: Inexhaustible Grace for an Exhausted World*

La
Tormenta
Interior

Cambia *el* caos *de* cómo te sientes *por la*
verdad *de* quién eres

SHEILA WALSH

GRUPO NELSON
Una división de Thomas Nelson Publishers
Desde 1798

NASHVILLE   MÉXICO DF.   RÍO DE JANEIRO

Editora en Jefe: *Graciela Lelli*
Traducción: *Ricardo y Mirtha Acosta*
Adaptación del diseño al español: *Grupo Nivel Uno, Inc.*

ISBN: 978-0-71801-142-0

Impreso en Estados Unidos de América

14 15 16 17 18 RRD 9 8 7 6 5 4 3 2 1

Este libro está dedicado con amor y profunda gratitud a mis amigos, el doctor James Robison y su esposa Betty. Ustedes han sorteado algunas tormentas abrumadoras y mantenido su mirada únicamente en Cristo. Le agradezco a Dios por sus vidas. En memoria de su hija, Robin Rochelle Robison Turner, quien libró una valiente batalla de siete años contra el cáncer. ¡Ahora está libre en casa!

«Algún día ella estará esperándonos en las puertas del cielo, diciendo: "¡Entren, papá y mamá, y conozcan al Rey de reyes en toda su gloria!". ¡Y lo haremos!».

—James Robison

Contenido

CONTENIDO

INTRODUCCIÓN

El cristianismo es una batalla, no un sueño.

—WENDELL PHILLIPS

P aso gran parte de mi vida viajando. Conozco los aeropuertos mejor que los museos, y los escenarios mejor que un parque o el océano. Esa es mi vida. Escribo libros y doy charlas, principalmente a mujeres que viven en todo el mundo, desde Los Ángeles hasta Nueva York, desde Londres hasta Kiev, desde Toronto hasta Sidney.

¡Y me encanta lo que hago!

Lo que no me gusta es empacar las maletas.

A mi perrita, Belle, le irrita profundamente mi estilo de vida. Teme el momento en que saco la maleta del clóset. Ella entiende muy bien lo que esto significa y lo toma como algo personal. Belle se va al rincón de la alcoba y se sienta con el rostro vuelto hacia la pared, de espaldas a mí... como una forma de rechazo oficial. Por eso cuando me llega una invitación que no exige empacar o viajar, la considero un regalo para la salud mental de toda mi familia.

En la primavera del año 2012 recibí una invitación para hablarle a un grupo grande de «esposas del ministerio» (las dirigentes de los ministerios de mujeres y las esposas de los pastores y líderes). Se reúnen una vez al año a fin de recibir el aliento de quienes entienden las tensiones particulares del ministerio. Durante unos días preciosos se dan el lujo de adorar juntas, aprender unas de otras, intercambiar «historias de guerra» y disponer de un tiempo para recibir en lugar de dar continuamente. Y créeme, dirigir un ministerio de mujeres o ser la esposa de un pastor o un líder de adoración conlleva algunos momentos *muy* difíciles:

> «¡La música estuvo demasiado alta!».
> «¿Por qué tu esposo nunca hace visitas? ¡Nuestro antiguo pastor sí las hacía!».
> «¡Entonen de nuevo los buenos himnos antiguos!».
> «¡No me gusta esa traducción de la Biblia!».
> «¿Qué le pasó al coro?».
> «¿Por qué *ella* siempre hace el solo?».

Era una hermosa mañana, clara y nítida, y me detuve a tomar un café mientras conducía hacia el hotel donde se iba a celebrar la reunión. Creo que el nombre de la cafetería, Global Peace Factory, me atrajo tanto como la promesa de la cafeína. Pensé en las mujeres a las que les hablaría en poco tiempo y me pregunté si el regalo prometido de Cristo de traer paz era tangible hoy día para ellas o estaban enfrentando tan devastadoras tormentas que sentirían la paz como un sueño lejano.

Llegué pocos minutos antes de que la sesión general de la mañana concluyera y me deslicé hacia la parte trasera del salón del hotel. ¡Déjame decirte que estas líderes de ministerios sabían cómo adorar! Me quedé en la oscuridad y absorbí el poder de la verdad de unas palabras que he amado toda mi vida:

> Cuán grande es él,
> ¡Cuán grande es él!

La chica responsable de garantizar que yo llegara al lugar correcto en el momento adecuado (una tarea que no es para débiles de corazón) me dio unos toquecitos en el hombro, indicándome que había llegado el momento de que nos fuéramos. Tenía cerca de veinte minutos a fin de prepararme y revisar el micrófono antes de que las puertas se abrieran oficialmente y las mujeres llegaran para mi sesión. Frente al podio alguien había colocado una cruz grande, la cual resultó ser un regalo para mí que ahora se encuentra en mi oficina, como un recordatorio constante de lo que Dios hizo aquel día en ese salón. El recinto tenía cabida para doscientas personas, y toqué cada asiento mientras hacía una breve oración por la mujer que se sentaría allí, colocando luego una tarjeta de diez centímetros por quince y un lápiz en cada uno. Mi mensaje se enfocaría en el poder de hablar la verdad, usando un sencillo, pero potente texto bíblico:

> Instrúyeme, SEÑOR, en tu camino
> para conducirme con fidelidad.
> Dame integridad de corazón
> para temer tu nombre. (Salmos 86.11)

Ese texto ocupa un lugar especial en mi corazón, porque no siempre me ha resultado fácil decir la verdad. No es que mienta conscientemente... solo que retengo ciertas partes de mi historia. El temor, la vergüenza y la ira no tienen mucho atractivo en la iglesia, por lo que durante años los guardé en la parte menos accesible de mi corazón.

Esa mañana, iba a descubrir que tenía mucha compañía.

Soy discípula de Pablo en cuanto a mi sentir hacia el ministerio. Cuando él escribió su primera epístola a la iglesia en Tesalónica (una congregación por la cual era obvio que tenía gran afecto), confesó: «Por el cariño que les tenemos, nos deleitamos en compartir con ustedes no sólo el evangelio de Dios sino también nuestra vida. ¡Tanto llegamos a quererlos!» (1 Tesalonicenses 2.8). Ese es mi modelo. Creo en el poder de la Palabra de Dios y en la transparencia de nuestras propias jornadas.

Así que ese día les dije a las mujeres lo que durante años había ocultado detrás del ministerio, orando porque la obra que hacía para Dios inclinara de algún modo la balanza a mi favor y superara los sentimientos de vergüenza y miedo que me arruinaban. Sinceramente, no tenía idea de que podía vivir de otra manera (sin cargas) basándome en la obra terminada de Cristo y no en algo que yo hiciera. Se necesitó una crisis en mi vida para despertar a esa verdad hermosa y radical, una crisis de gracia que me embistió como una de esas olas gigantes que se acercan por detrás de ti en la playa.

Cuando estaba a punto de concluir mi mensaje, expliqué por qué había colocado una tarjeta en cada asiento. Invité a las mujeres a escribir todo aquello que ya no desean seguir cargando. Les pedí que llevaran esas tarjetas al frente y las dejaran a los pies de la cruz. No quería sus nombres (las mujeres permanecerían anónimas), pero les prometí que llevaría todas las tarjetas a casa y oraría por cada mujer que las había escrito.

Aquel día se llevó a cabo un hermoso intercambio. Observé mientras una por una las mujeres dejaban sus tarjetas al pie de la cruz. Procedentes de todas las edades, algunas con sus rostros bañados en lágrimas, depositaban sus cargas. Nuestro tiempo transcurrió rápidamente, y pronto ellas abordaron los autobuses que las conducirían al siguiente evento en sus programaciones. Me puse de rodillas y recogí las tarjetas, leyéndolas mientras lo hacía.

Sin embargo, no estaba del todo preparada para lo que vi.

Sinceramente, las palabras me impresionaron.

Durante los últimos treinta años he viajado por todo el mundo, hablándoles a más de cinco millones de mujeres. He hablado en iglesias, prisiones y coliseos llenos de mujeres que levantan sus manos en adoración. He oído historias de dolor y traición, hasta confesiones sinceras de flagrante pecado intencional y decisiones insensatas. Sin importar la edad, el grupo étnico, la afiliación religiosa o la falta de esta, los mismos problemas salen siempre a la superficie. Una y otra vez caen bajo las categorías de los diez sentimientos siguientes, que se pueden convertir en cargas abrumadoras.

- Dolor
- Desilusión
- Temor
- Amargura
- Falta de perdón
- Ira

- Remordimiento
- Abandono
- Vergüenza
- Inseguridad

¿Por qué sentí entonces tal conmoción ese día? Las respuestas en las tarjetas me dejaron tan anonadada porque sabía que el salón estaba abarrotado de mujeres que amaban a Dios de todo corazón y habían caminado con él durante muchos años... *no obstante, las mismas cargas abrumaban sus corazones.* Estas mujeres no eran nuevas en la fe; eran siervas de Cristo maduras, fieles y sabias, pero aun así las acosaban los mismos problemas.

Me senté durante un buen rato considerando esta aleccionadora comprensión. Oré al respecto y le pedí a Dios que me ayudara a entender por qué luchamos con estos problemas persistentes y devastadores como mujeres. Casi pareciera como si un complot muy bien diseñado contra nosotras pretendiera despojarnos de lo que somos en Cristo. Esa idea resonaba tan cierta en mi espíritu como el ruido de mil campanas. Sabía que Dios estaba hablándome, y no podía seguir adelante hasta que captara lo que deseaba mostrarme. Me encontraba en tierra santa, y la sentía. ¡Mientras esperaba en el Señor, fue como si por un momento él en su gracia descorriera una cortina y me diera una visión de una verdad profunda que podía liberar a sus hijas!

> *¿Y si el diablo mirara sobre nuestros hombros y viera todas las confesiones negativas que hemos hecho a fin de perfeccionar una invasión total sobre nuestros corazones? No descartemos su astucia.*

¿Has leído alguna vez *Cartas del diablo a su sobrino*, de C. S. Lewis? Este librito toma la forma de una serie de cartas imaginarias de un demonio importante, Screwtape, a su sobrino Wormwood, un atormentador en potencia. El tío trata de entrenar a su sobrino a fin de asegurar la condenación de un hombre británico conocido únicamente como «el Paciente». Screwtape le da a Wormwood consejos detallados sobre varios métodos para socavar la fe y promover el pecado en el

Paciente. Este maravilloso libro ofrece una profunda visión de los caminos y ardides de nuestro enemigo, a menudo de una forma irónica.

No obstante, chicas, ¿qué tal si las *Cartas del diablo a su sobrino* nos ofrecieran realmente un panorama inquietante de la verdad? Por la Biblia sabemos que Satanás es un mentiroso (Juan 8.44). También sabemos que merodea como león rugiente, buscando a quién devorar (1 Pedro 5.8). Sin embargo, ¿qué tal si él *adaptara* sus ataques hacia nosotras, las hijas del Rey? ¿Y si sus demonios lanzaran sus asaltos a los mismos lugares donde hemos mostrado mayor debilidad? ¿Y si el diablo mirara sobre nuestros hombros y viera todas las confesiones negativas que hemos hecho a fin de perfeccionar una invasión total sobre nuestros corazones? No descartemos su astucia para irrumpir en nuestro dolor y convertirlo en un arma que podría usar contra nosotras.

Incluso mientras hablamos del temor y la inseguridad que sentimos, ¿le entregamos quizás información vital a nuestro enemigo? Satanás no es omnisciente. Él es un ángel creado y caído, y no lo sabe todo, así como Dios lo sabe. ¿Hemos hablado a través de los siglos acerca de nuestro quebrantamiento, de tal manera que ahora el enemigo tiene armas tan expertamente entrenadas que una y otra vez pueden alcanzar sus objetivos? ¿Se han vuelto «inteligentes» estas armas, como misiles guiados por láser que golpean desde un silencioso avión no tripulado? La idea me produce escalofríos, pero también me recuerda una verdad mucho más potente y contraria:

En esto pueden discernir quién tiene el Espíritu de Dios: todo profeta que reconoce que Jesucristo ha venido en cuerpo humano, es de Dios; todo profeta que no reconoce a Jesús, no es de Dios sino del anticristo. Ustedes han oído que éste viene; en efecto, ya está en el mundo. Ustedes, queridos hijos, son de Dios y han vencido a esos falsos profetas, porque el que está en ustedes es más poderoso que el que está en el mundo. (1 Juan 4.2–4)

¡Aquel que vive en nosotros es *más poderoso*! A veces olvidamos que no luchamos contra seres humanos, sino contra autoridades y potestades malignas (Efesios 6.12). Desesperadamente, debemos recordar quiénes somos y cómo pelear.

Se dice que un conejo puede correr más que un león. Sin embargo, el gran temor que el conejo le tiene al león lo *paraliza*, y esto hace que resulte fácil que el león lo atrape y lo devore. Los ataques devastadores que enfrentamos como hijas de Dios tienen el potencial de volvernos tan indefensas como el conejo. Podemos quedar paralizadas debido al caos que sentimos dentro en vez de pararnos firmes en la verdad de quién dice la Palabra de Dios que somos. No debemos darle tales ventajas a nuestro enemigo. No debemos vivir de ese modo ni un momento más. Es hora de cambiar lo que sentimos por la poderosa verdad de quiénes somos. Cómo nos sentimos puede cambiar en un momento, pero quiénes somos es algo eterno.

Hay tres niveles de la realidad, de la verdad, que tú y yo enfrentamos cada día, y entender cada uno de ellos cambiará el juego para nosotras. Existe el caos de lo que sentimos y el caos que el enemigo suscita en nosotras. Si nos centramos solo en esos dos niveles, nos vamos a pique. El tercer nivel de la verdad es que Dios siempre está en control. Él es quien les habla a las tormentas, y estas tienen que obedecer. Él es quien pone en orden el caos. Por descontroladas que pudieras sentir ahora tus tormentas, no te equivoques... ¡Dios tiene el control!

En este libro veremos cada uno de los diez sentimientos caóticos que tienden a paralizarnos. Aprenderemos a combatir los feroces dardos del enemigo, luchar y estar firmes. Vivimos en días tétricos, pero creo de todo corazón que Dios está levantando un ejército de mujeres en todas partes del mundo que lo aman y están entregadas a un solo ser: Jesucristo, nuestro Señor y Salvador, y el Rey que volverá pronto.

CAPÍTULO UNO

CUANDO UN TSUNAMI GOLPEA EL CORAZÓN

DE LA ANGUSTIA A LA FORTALEZA

¡Es tan misterioso el país de las lágrimas!

—ANTOINE DE SAINT-EXUPERY, *EL PRINCIPITO*

*El SEÑOR está cerca de los quebrantados de corazón, y salva a los de
espíritu abatido. Muchas son las angustias del justo, pero
el SEÑOR lo librará de todas ellas.*

—SALMOS 34.18–19

Soy una fanática flagrante del fútbol.

Y para mis amigos británicos, no estoy hablando aquí de ese excelente y glorioso deporte del *soccer*, sino más bien de esa competencia exclusivamente estadounidense que permite a hombres gigantes con mucho relleno ser golpeados por el equivalente a un toro gigantesco con esteroides, el fútbol americano.

No me importa decir que me tomó bastante tiempo averiguarlo.

El fútbol americano, que constituye un torbellino de reglas confusas, no es un deporte fácil de entender si no creces con él. Cuando vivía en Virginia Beach, Virginia, algunos amigos me pidieron un par de veces que los acompañara a Washington, DC, a ver algunos partidos de los Redskins... y después me exigieron que me quedara en casa o dejara de hacer tantas preguntas.

Gran parte de ese deporte me parecía incomprensible. ¿Por qué, por ejemplo, cuando un grupo de hombres parece estar haciendo una excelente labor para hacer avanzar el partido, tiene que dirigirse a los bancos y dejar que otro grupo siga y haga algo mal? ¿Qué es exactamente un «down» u oportunidad, y cuándo sabes que lo has conseguido y si estás en el lugar correcto? ¿Por qué los entrenadores lanzan un pañuelo al campo si no se sienten felices con un reclamo? ¡Siempre he creído que cuando no estás feliz es precisamente cuando más necesitas tu pañuelo!

Sin embargo, todo cambió para mí cuando William, mi suegro, llegó a vivir con nosotros. Su presencia paciente y sabia en nuestro hogar me dio la clave, un camino a través del laberinto de reglas hacia la tierra mágica que yace exactamente más allá del entendimiento británico. Cada lunes por la noche William y yo nos sentábamos uno al lado del otro y él me explicaba la competencia semanal de la NFL y valientemente contestaba mi avalancha de preguntas.

«¿Qué es un primer down?».

«¿Por qué ese no fue un touchdown?».

«¿Por qué usan tanta ropa de licra?».

William tenía paciencia y un conocimiento sin fin, así que durante los dos años que vivió con nosotros antes de su muerte me transmitió sus ideas. El último gran partido que vimos juntos fue entre los Rams [carneros] de St. Louis y los Titans [titanes] de Tennessee en el Super Bowl XXXIV, un *formidable* juego para nosotros dos. En esa época vivíamos en Nashville, así que *nuestro* equipo, los Titans, había llegado a la etapa más grande de todas: ¡el Santo Grial de los deportes estadounidenses! Antes del partido investigué un poco y descubrí que los Rams no habían ganado un Super Bowl desde 1952. Ese solo hecho nos dio más que una simple confianza... nos proporcionó una confianza *insuperable*.

Desde entonces, el partido ha pasado a la historia deportiva como un clásico, pero no por las razones que yo había esperado.

William revisó la televisión en la sala de estar para asegurarse de que pareciera tecnológicamente sana (él tenía otro de reserva en la cocina). Preparé los bocadillos necesarios. Y entonces llegó el gran momento. Nos sentamos con la mirada fija en el aparato, hipnotizados por cada jugada. En el medio tiempo los Rams ganaban 9-0, pero no nos preocupamos. ¡Eso es menos que un touchdown y un gol de campo!

«No te preocupes papá», dije. «Se nos conoce como un equipo del segundo tiempo».

La segunda mitad nos dejó sin aliento. Los equipos cambiaron las puntuaciones, pero los Titans se acercaban más. Quedaban seis segundos de juego, los Rams aún ganaban por un touchdown, los Titans tenían el balón. Seis segundos quizás no parezcan mucho, pero en el fútbol americano es tiempo suficiente para la clase de milagro por el que todo fanático radical del deporte ora con gran fervor. Los Titans se colocaron en la línea de diez yardas. Steve McNair le lanzó el balón a Kevin Dyson en la línea de una yarda. La victoria parecía tan cerca que podía oler los fuegos artificiales... hasta que ocurrió lo inimaginable. Mike Jones, el defensor de línea de los Rams, tacleó a Dyson y lo derribó justo antes de la línea de gol. Dyson se estiró hacia la línea, yo chillé como un mico, como si de alguna manera eso lo hiciera avanzar. Sin embargo, no obtuvo resultado. Jones había envuelto sus protuberantes brazos alrededor de Dyson como una boa de dos toneladas.

Los partidarios de los Rams estallaron de júbilo en todo el Georgia Dome, mientras William y yo permanecíamos en silenciosa perplejidad. Nunca olvidaré el momento ni la mirada en el rostro de mi suegro cuando se volvió hacia mí y con toda la angustia de un actor shakesperiano manifestó: «Acabas de presenciar uno de los momentos más dolorosos de la historia».

Ahora sonrío al recordar el drama de nuestra desilusión; sin embargo, también debo reconocer cuán a menudo empleamos la palabra doloroso en nuestra cultura para describir circunstancias completamente distintas. La usamos para cosas que resultan triviales.

- Es doloroso que tu perro se comiera tus zapatos favoritos.
- Es doloroso que hayan descontinuado tu matiz favorito de lápiz labial.
- Es doloroso que mataran a tu personaje favorito en una serie de televisión que transmitieron por mucho tiempo.

Nuestra cultura abusa gravemente de la palabra *doloroso*. Esto se ha vuelto tan común como la lluvia en Seattle o que un político se retracte. No obstante, la realidad es que el dolor es profundo y real, y a menudo tan inesperado como una tormenta que llega sin advertencia alguna.

Experimentamos eso el 20 de mayo de 2013, cuando un tornado tipo F5 afectó Moore, Oklahoma, dejando una estela de muerte y destrucción a su paso. Este tornado, de alrededor de dos kilómetros de anchura, permaneció en tierra durante casi treinta y nueve minutos, algo sin precedentes. Esos treinta y nueve minutos cambiaron la vida de muchos. Veintitrés personas murieron ese día; siete de ellas eran niños de tercer grado, y 377 resultaron heridas. Al amanecer del día siguiente comenzamos a ver las imágenes de calles borradas del mapa, montañas de escombros, juguetes lanzados hacia los árboles... la única señal de que allí vivieron familias alguna vez.

Mi primera reacción fue caer de rodillas y orar, clamando la promesa del salmista David para aquellos cuyos corazones y vidas quedaron devastados: «El Señor está cerca de los quebrantados de corazón, y salva a los de espíritu abatido» (Salmos 34.18).

Un equipo de voluntarias de Women of Faith [Mujeres de fe] se unió al asombroso ministerio Samaritan's Purse [La bolsa del samaritano], una agencia internacional de socorro, y conducimos hasta Moore para unirnos a las cuadrillas de limpieza. Aunque había observado por televisión una gran cobertura de la tragedia, nada me preparó para lo que vi ese día. Parecía como si alguien hubiera dejado caer una bomba atómica. Filas enteras de casas quedaron totalmente destruidas. Nuestra labor era limpiar los escombros ladrillo a ladrillo, y orar que de algún modo encontráramos aquellos artículos que nunca se pueden reemplazar para las familias que una vez llamaran «hogar» a estos montones de escombros.

Elizabeth nos pidió ayuda a fin de encontrar las joyas de su madre. Colaboramos con el padre de un veterano del ejército en la búsqueda de las medallas de su hijo. (Hallamos dos.) Una y otra vez oímos la misma palabra: *irrecuperable*. El moho, el asbesto o el barro hacían casi imposible salvar algo. Aquello era la imagen dolorosa de la devastación total. Al final del día tuvimos el privilegio de pasar un poco de tiempo con uno de los hombres que lo había perdido todo. Samaritan's Purse le obsequió una Biblia que todos los voluntarios habíamos firmado y oramos por él. Fuimos allí para servir a este hombre y otras personas que resultaron afectadas por la tormenta, pero fue él quien nos dio un profundo regalo.

El hombre nos contó que solo unas pocas semanas antes de que el tornado arrasara con todo había estado en el parque temático Six Flags en Texas con algunos de los alumnos de tercer grado de su grupo de jóvenes. En el auto camino a casa, habló con los chicos acerca del día que habían pasado juntos, y la conversación finalmente se centró en la fe en Cristo. Uno de los muchachos dejó muy en claro que la semana anterior había puesto su fe en Jesús y nada podía socavarla. Este chico fue uno de los siete alumnos de tercer grado que perdieron la vida en el tornado.

Mientras formábamos un círculo y orábamos con las lágrimas descendiendo por nuestros sucios rostros, le agradecimos a Dios por la verdad de que aunque la tierra se había estremecido ese día en Moore, este muchacho había pasado de los brazos de una familia que lo amaba a los brazos de un Padre que lo recibió en casa. Luego oramos por las familias de aquellos siete niños, porque a causa de lo sucedido las vidas que habían conocido eran ahora irreconocibles. El significado básico de *doloroso* indica una pérdida inimaginable.

Infinitamente más que un juego

Mientras recorría los canales de televisión esta mañana durante el desayuno, me detuve en una historia noticiosa que describía un accidente automovilístico. Una mujer joven se dirigía a casa con su bebé atado a la silla de seguridad en la parte trasera del auto, cuando de repente un camión con remolque descontrolado se estrelló contra la parte posterior del automóvil, matando al niño en el impacto. El titular noticioso describía la «historia local dolorosa de última hora».

La tragedia me horrorizó; el término *dolorosa* casi no me pareció lo suficiente fuerte. Hemos devaluado dicha palabra al lanzarla por ahí de forma casual, empleándola para describir cosas que ni siquiera se pueden comparar. ¿Cómo podemos usarla para describir un partido de fútbol, y después darnos la vuelta y aplicar la misma palabra a la devastadora pérdida de un hijo?

Tal vez hayas tenido una experiencia igual. Te has esforzado por encontrar palabras que describan de manera adecuada la profundidad de tu propio momento doloroso.

- Es *doloroso* que tu hijo se haya desviado de la fe.
- Es *doloroso* que tu esposo quiera divorciarse.
- *Es doloroso* que los médicos le hayan diagnosticado a tu hijo una enfermedad terminal.

De algún modo esa palabra de cuatro sílabas parece terriblemente débil, y ni siquiera empieza a captar el sufrimiento. Tal clase de agonía cambia el panorama de tu corazón.

El invierno del año 2012 registró cantidades enormes de nieve que cubrían ciudades a lo largo de la Costa Este. Comunidades enteras estaban irreconocibles debajo de estas implacables y heladas capas, y un periodista declaró: «La vida normal se vio *abrumada* por la naturaleza». *Abrumada* es una palabra fuerte que encaja muy bien en el vocabulario de lo doloroso. Da la idea de algo fuera de control. Como mujeres nos es difícil aceptar la realidad de que a menudo somos indefensas. Queremos cambiar una situación dañina, hacer algo para ayudar, proteger, mitigar. Sin embargo, nos llegan épocas en que no podemos hacer nada. Absolutamente nada. En tales momentos nos doblega entonces la tristeza y sentimos que no vamos a sobrevivir.

LAS CARTAS SOBRE MI ESCRITORIO

Tengo sobre mi escritorio y en mi computadora cartas que revelan nuestro sufrimiento, cada una de las cuales cuenta una historia de desamor.

«Mi esposo nos abandonó a nuestros tres hijos y a mí. *¿Qué les digo? Están destrozados»*.

«Mi hijo se encuentra en prisión. Hice todo lo que podía hacer. Lo crié en la iglesia. Mi corazón está desgarrado».

«El cáncer de mi hija ha regresado. Ella ha sufrido mucho, y justo cuando creíamos que se había salvado, el mal regresó. ¿Por qué Dios permite tal angustia?».

Estas son preguntas devastadoras. La expresión *estar abrumada* no parece captar siquiera lo que está en la superficie de este gran dolor, así que cavemos más profundo.

Abrumadora tristeza o dolor > profundamente afligido.
Abrumar: agobiar con un peso grave. Producir tedio o hastío.
Producir asombro o admiración (RAE).
Molestar, apurar a una persona por exceso de alabanzas, atenciones o burlas (WordReference.com).

Si alguna vez has atravesado una tormenta personal en la que te encontraste diciendo: «No voy a poder superar esto», tu espíritu resonará con las siguientes palabras.

Agobiada
Aplastada
Dolor violento

El componente del dolor en medio de la angustia puede llevar a un terrible aislamiento. He leído que cuando una pareja pierde a un hijo, con frecuencia el sufrimiento actúa más como una brecha que los separa que como un pegamento que los une. Eso tiende a ser cierto tanto para los matrimonios cristianos como para los que no profesan su fe en Cristo. Todos tratamos con el sufrimiento de maneras distintas, pero cuando añadimos oración, esperanza y fe a la ecuación, al parecer en vano, fácilmente podemos permitir que nuestra aflicción nos lleve a rincones solitarios.

Se podría esperar que dentro de la comunidad de la fe se entendiera y honrara a la angustia más que en cualquier otro lugar. Sin embargo, he hablado con muchas mujeres que han revelado una experiencia muy diferente. Muchas han llegado a una conclusión más aleccionadora: en ocasiones, la iglesia no tiene idea de cómo manejar el dolor profundo y la angustia.

En ocasiones, la iglesia no tiene idea de cómo manejar el dolor profundo y la angustia.

No hace mucho conocí a una mujer que había perdido a su hijo en un accidente fortuito. Pocos meses después contó en su grupo de estudio bíblico que algunas mañanas creía sinceramente que no podría soportar el dolor. Alguien se dio cuenta de su insinuación y declaró: «Solo recuerda este versículo: "Todo lo puedo en Cristo que me fortalece"».

La afligida mujer se arriesgó y expresó su dolor, pero en lugar de que la oyeran y le dieran el espacio y la gracia para luchar, la acallaron mencionando un versículo con el que claramente ella no había cumplido. ¿Cómo podía pasar por alto la implicación de que *si no eres fuerte, entonces no estás confiando en Cristo*?

¡Qué extremadamente triste!

Dios no nos da su Palabra para usarla como un arma o algún tipo de tarjeta Hallmark que podamos pasar a través de la cerca y mantener cierta distancia. La Biblia *es* un arma, pero está diseñada para usarla contra nuestro enemigo, no contra nuestras hermanas. Está destinada a animar, no a dar respuestas fáciles en medio del dolor verdadero. El solo hecho de que algo sea verdad no quiere decir que lo debamos expresar en toda circunstancia. Poco después de su arresto, Jesús les dijo a sus sufridos discípulos: «Muchas cosas me quedan aún por decirles, que por ahora no podrían soportar» (Juan 16.12). Ellos realmente necesitaban oír ciertas verdades (que les ayudarían con el tiempo), pero oírlas *en ese momento* habría quebrantado sus espíritus. Así que Jesús permaneció callado.

¡Ojalá pudiéramos leer y aprovechar ese mensaje!

¿Hay algo peor que te lancen pasajes bíblicos al azar cuando estás herida? ¿Cómo podrías agarrarlos si apenas logras mantenerte de pie?

Me he sentado durante horas pensando en las muchas historias como esta que he escuchado, preguntándome: *¿por qué hacemos eso?*

¿Por qué tratamos de «contener» o «arreglar» a quienes sufren?

¿Creemos que el sufrimiento es una vergüenza?

¿Nos sentimos personalmente ineficaces en nuestra fe si no podemos hacer que el dolor desaparezca?

¿Creemos que el poder y la bondad de Dios se menoscaban cuando una de sus hijas anda cojeando herida por ahí?

Cualquiera sea la razón, el dolor hace que nos sintamos *más* incómodas.

He hablado con mujeres que han sufrido un aborto y han escuchado a otras decirles: «Apresúrate y supera esto». Las personas parecen tener más habilidad para lidiar con una enfermedad aguda que con una condición crónica. Corta vida útil, está bien; situación continua, no tanto.

Hace algunos años conocí a una dama muy tierna que padece de una condición continua y crítica de salud. Me dijo que durante el primer año los que la rodeaban le preguntaban cómo le estaba yendo y se ofrecían a orar por ella. Sin embargo, al no verse resultados, perdió el apoyo en oración. No sé si sus amigas simplemente se cansaron de orar por lo mismo o creyeron que el prolongado sufrimiento podría indicar algún pecado igual de largo. Le di a la mujer mi número telefónico (algo que casi nunca hago) y le dije que me llamara cuando necesitara desahogarse y decir cosas que le harían erizar el cabello a mi madre. Todos necesitamos un lugar donde expresar lo peor que atormenta nuestras almas y aun así ser apoyados.

Cómo sobrellevar las cargas

La Biblia habla muy claramente de cómo los creyentes deben responder al dolor abrumador. Pablo escribió el conocido versículo: «Ayúdense unos a otros a llevar sus cargas, y así cumplirán la ley de Cristo» (Gálatas 6.2). Solo tres versos después escribió: «Porque cada uno llevará su propia carga» (v. 5, RVR60).

A primera vista podría parecer que estas declaraciones se contradicen, pero una mejor comprensión de las palabras griegas subyacentes aclara el problema. El término griego traducido *cargas* en el versículo 2 se refiere a aquello que se usaba para cargar un barco. En otras palabras, no se debería esperar que alguien llevara solo ese enorme peso. Por otra parte, el término traducido *carga* en el versículo 5 indica los paquetes pesados que todos tenemos que transportar a veces... incómodos quizás, pero necesarios y manejables. Piensa en ello como la diferencia entre jalar una maleta con ruedas detrás de ti en un aeropuerto y tratar de empujar un piano de cola.

Pablo nos dice que cuando alguien atraviesa la clase de angustia que se siente asfixiante, agobiadora y pesada, el cuerpo de Cristo debe intervenir para ayudar a llevar el peso. Nadie debería tratar de llevar solo tal carga.

Aunque podría ser difícil saber cómo responder al estallido de angustia y dolor de una persona, la Biblia es crudamente sincera en cuanto a la realidad de la angustia humana... tan sincera que me pregunto si de manera secreta quisiéramos eliminar ciertas partes de las Escrituras. Estos pasajes se sienten demasiado crudos, demasiado violentos y demasiado intensos en su descripción de los estragos de la tormenta en un alma humana:

> No cesa la agitación que me invade;
> me enfrento a días de sufrimiento.
> Ando apesadumbrado, pero no a causa del sol;
> me presento en la asamblea, y pido ayuda. (Job 30.27–28)

> Y le digo a Dios, a mi Roca:
> «¿Por qué me has olvidado?
> ¿Por qué debo andar de luto

y oprimido por el enemigo?»
Mortal agonía me penetra hasta los huesos
ante la burla de mis adversarios,
mientras me echan en cara a todas horas:
«¿Dónde está tu Dios?». (Salmos 42.9 -10)

Uno de los salmos más deprimentes y desalentadores se halla exactamente en la mitad del libro. Muchos salmos comienzan con un clamor por ayuda, pero casi todos cambian a una creencia confiada en que Dios ha oído y contestado. No ocurre así con el salmo 88, el cual empieza y termina en gran agitación.

Señor, Dios de mi salvación,
día y noche clamo en presencia tuya.
Que llegue ante ti mi oración;
dígnate escuchar mi súplica.
Tan colmado estoy de calamidades
que mi vida está al borde del sepulcro.
Ya me cuentan entre los que bajan a la fosa;
parezco un guerrero desvalido.
Me han puesto aparte, entre los muertos;
parezco un cadáver que yace en el sepulcro,
de esos que tú ya no recuerdas,
porque fueron arrebatados de tu mano.
Me has echado en el foso más profundo,
en el más tenebroso de los abismos.
El peso de tu enojo ha recaído sobre mí;
me has abrumado con tus olas. (vv. 1 -7)

Si esperas que más adelante se evidencie un humor más ligero, podrás esperar por mucho tiempo. Así es como concluye:

Yo he sufrido desde mi juventud;
muy cerca he estado de la muerte.

> Me has enviado terribles sufrimientos
> y ya no puedo más.
> Tu ira se ha descargado sobre mí;
> tus violentos ataques han acabado conmigo.
> Todo el día me rodean como un océano;
> me han cercado por completo.
> Me has quitado amigos y seres queridos;
> ahora sólo tengo amistad con las tinieblas. (vv. 15 -18)

Ahora bien, *eso* es deprimente.

¿Por qué el Señor incluiría en la Biblia un cántico tan triste y desalentador? (Sí, *se trata de* un cántico.)

Porque existen ciertas tormentas en la vida que dan testimonio de la verdad de este salmo.

Hay ocasiones en nuestra vida en que el dolor parece interminable. ¿No has tenido momentos como esos? ¿Has conocido épocas en las que le suplicaste a Dios que interviniera, sabiendo que él tiene el poder suficiente para cambiar cualquier cosa; y sin embargo, hasta donde te consta, nada cambió? Sé que las he tenido.

Atravesé una situación difícil en el 2012 con algunas amistades que por años habían sido como familiares para mí, y luego nuestros caminos se separaron. No creo que alguien tuviera la culpa. Se trató simplemente de una de esas épocas difíciles en la que cada uno de nosotros debió elegir qué dirección seguir y dejar que los otros tomaran sus propias decisiones. Si todo eso te parece algo nítido y ordenado, te cuento que no lo fue. Al escoger caminos diferentes me topé con lo repentino de la separación.

Tuve dificultad para dormir en la noche. Despertaba con terribles pesadillas. A veces sentía que el corazón se me partía en dos. En mi examen físico anual, mi médico expresó preocupación por mi pulso cardíaco y me remitió a un cardiólogo.

Tras numerosas pruebas, el galeno me dijo que aunque mi corazón estaba sano, mi ritmo cardíaco había aumentado de manera vertiginosa y descontrolada.

«¿Has perdido últimamente a alguien cercano?», me preguntó, ajeno a mi historia. Aunque nadie había muerto, sentía la pérdida como una muerte. No sabía que el dolor pudiera tener tan enormes ramificaciones físicas. Creo que eso es lo que Juliet Marillier quiso decir cuando escribió: «Tu corazón, tu estómago y todas tus entrañas se sienten vacías, huecas y dolidas».[1]

Si has perdido a alguien que amas o atraviesas por un divorcio, puedes sentir como si esa tormenta furiosamente personal destruyera todo lo que te importaba, y te preguntas cómo irás a sobrevivir.

Los sufrimientos más profundos de todos

Por lo general, a las mujeres nos es más fácil que a los hombres hablar de cómo nos sentimos. Sin embargo, algunos sufrimientos se profundizan tanto y se sienten tan personales, que nadie puede entender por completo nuestro dolor. Incluso los amigos o familiares más comprensivos casi no pueden ir más lejos ni más allá. Si no has estado en ese lugar particular, es posible que no puedas conocer bien la amargura de esa situación.

Y es allí, en ese lugar de silenciosa desesperación, donde al enemigo le encanta susurrar desde su caldera infectada de mentiras:

«Dios no está escuchándote».
«¡Estás totalmente sola!».
«Dios no te ama».
«¡Esta vez no vas a superarlo!».

Quizás ahora mismo te encuentres allí, aferrándote apenas a un hilo. He estado ahí. Conozco el olor húmedo y amargo de ese lugar, y sé lo desesperante que parece todo. Sin embargo, he aquí la verdad, aunque me doy cuenta de que en este momento podría resultarte difícil captarla: también sé cómo se siente que Cristo te saque de esa cueva con el poder de su Palabra y a través de otras mujeres tan valientes como para contar sus historias. He visto esa transformación en un sinnúmero de vidas, en mujeres llevadas al mismísimo borde de sí mismas y que hallaron fortaleza en vez de destrucción.

No, este no es un sendero rápido.

Pero es fiel.

Dios prometió que enfrentes lo que enfrentes, no estás sola. Él conoce tu sufrimiento. Te ama. Y te llevará a través del fuego.

De la angustia a la fortaleza

Permíteme presentarte a una mujer joven que conocí hace poco y sabe lo que significa pasar de la angustia a la fortaleza. Se llama Erin, y la noche en que la conocí llegó tarde.

La mayoría de nosotros habíamos consumido la mitad de nuestros platos cuando finalmente ella se deslizó en su asiento en el comedor privado del hotel. Ver a doce mujeres que llegaban conversando a cenar debe haber obligado a una anfitriona prudente a designar un espacio separado de comensales casuales y distraídos. Al instante me di cuenta de dos cosas con respecto a Erin. Tenía un hermoso corte de cabello y resultaba evidente que estaba embarazada. Yo no conocía a ninguna de las mujeres sentadas a la mesa; había llegado como su invitada.

Varios fines de semana por año viajo a una ciudad ante la invitación de una iglesia local a fin de impartir un estudio bíblico de uno o dos días. Me encanta pasar un tiempo con las mujeres que organizan el evento antes de que este inicie. Me gusta escucharlas hablar desde el fondo de su corazón y saber lo que esperan que Dios haga durante nuestro tiempo juntas. Estoy segura de que ya sabes esto, pero las mujeres en la iglesia local trabajan sumamente duro. La mayoría de las veces se organizan en comités y cubren todo aspecto de la conferencia para asegurarse de que las reuniones les brinden a las asistentes un tiempo tan cómodo, divertido, enriquecedor y gratificante como sea posible. Con el paso de los años he aprendido que la mayoría de las mujeres de los comités prefieren saber más acerca de las conferencistas invitadas que hablar de ellas mismas. Por otra parte, como maestra invitada, yo quiero conocer a las mujeres. Así que una vez que Erin hizo su pedido, les lancé una pregunta a todas en la mesa: «¿Desea cada una de ustedes decirnos algo acerca de sí misma que tal vez algunas de sus amigas más íntimas no saben?».

Nunca olvidaré esa noche. Siento como si todo hubiera sucedido anoche.

Una por una, las damas contaron historias de desilusión, enfermedades graves y dolor, así como de la misericordia y la gracia de Dios. No obstante, es la historia de Erin la que he recordado durante mucho tiempo.

Ella y su esposo, Zac, estaban emocionados después de algunos meses de matrimonio, ya que iban a tener un bebé. Sin embargo, Erin sufrió un aborto involuntario. Cualquiera que ha tenido esta clase de aborto conoce el dolor particular que se presenta. Barry y yo perdimos un bebé cuando nuestro hijo Christian tenía tres años de edad, y todavía duele.

Con todo, Erin y Zac sintieron restaurada su alegría cuando pocos meses después descubrieron que ella estaba embarazada de nuevo. El 1 de julio de 2008 nació la hija de Erin, Adellyn. Toda madre espera ese momento. Tras horas de insoportable dolor, finalmente alguien coloca esa bebita en brazos de su mamá. Y la mayoría de nosotras preguntamos de manera automática: «¿Está sano el bebé?».

Erin escribe acerca de esos primeros momentos desgarradores en su blog (www.zacanderinharlan.blogspot.com). Me dio permiso para dar a conocer el siguiente extracto:

Así que a las 2:57 de la madrugada nuestra bebita nació en calma. Tan pronto como la miré, supe que tenía síndrome de Down. Le pregunté al médico si mis temores eran ciertos y su respuesta fue que aún no había tenido oportunidad de examinarla, pero que en un principio la bebita parecía tener algunas de las características del SD. El cordón umbilical se le había enredado tres veces en el cuello, aunque Zac logró cortarlo antes de que se la llevaran para darle oxígeno [...]

Así que me quedé allí sin poder hacer nada mientras le suministraban oxígeno a esta nueva vida. Nunca antes en mi vida he estado tan asustada. Finalmente, oí un llanto débil, y luego abrigaron a mi hija y me la trajeron. Yo estaba llorando. Me hallaba anonadada, aterrada y sin saber qué hacer. Mi médico me hizo saber que todos esos sentimientos que experimentaba eran totalmente normales, que necesitaba tiempo para llorar por el bebé que creíamos que iríamos a tener.

Pasaron varias horas antes de que volviera a verla. Trajeron a mi cuarto una incubadora con el fin de que supiera que mi hija estaba teniendo problemas para mantener la temperatura, por lo que debía permanecer dentro del aparato. Sin embargo, no la regresaron a mi habitación, sino que más bien el neonatólogo y el cardiólogo entraron para hablar con Zac, mis padres y yo con respecto a los resultados de la ecografía. Nos informaron que Addie estaba ahora en UCIN y que permanecería allí quizás por tres o cuatro semanas.

Los médicos salieron y yo continué llorando. Mis padres y Zac intentaron consolarme. No entendía por qué nos estaba sucediendo esto. No creí que pudiera soportarlo.

Al escuchar a Erin narrar su historia esa noche durante la cena, no podía imaginarme cómo se sentiría, siendo una madre primeriza, tener que enfrentar tales dolores y cuestionamientos.

¿Por qué la bebita debe estar en cuidados intensivos durante casi un mes?

¿Por qué está implicado un cardiólogo?

¿Cuáles serán los problemas continuos de salud de Addie?

¿Cómo irá a ser el futuro de la niña?

¿Cómo reaccionarán otros ante mi hija?

Muchos conflictos y cirugías continuarían en los días y meses que siguieron, pero a medida que Erin nos contaba el resto de la historia esa noche, supe que se necesitó un giro que yo no veía llegar, un giro que llevó a la mujer de un lugar de dolor a otro de fortaleza. Lo que comenzó como una tormenta caótica que arrasó las expectativas de esta pareja se había convertido en lo que ahora era un paisaje nuevo e impresionantemente hermoso.

—¿Te gustaría ver una foto de mis dos niñas? —me preguntó Erin cuando terminamos de comer y empezábamos a disfrutar una taza de café durante nuestros últimos momentos juntas.

—Me encantaría —respondí—, pero no sabía que tuvieras otra hija.

Erin sonrió mientras buscaba en el teléfono celular la foto de sus dos hijas, Addie y Adrianna.

—Ella nació en Ecuador —explicó la joven—. También tiene síndrome de Down. Cuando vi su fotografía, supe que era nuestra.

Sonreí mientras observaba la foto de estas dos hermanas abrazándose, y debo admitir que una pequeña parte de mí exclamó: *¡qué bien! ¡Toma eso, Satanás! ¡Creíste que este dolor destruiría a Erin, pero ella es fuerte en las manos de Dios!*

Esa fue solo una pequeña parte de mí. Casi todo mi ser expresó: *gracias, Padre, porque cuando confiamos en ti en medio de nuestras angustias, tú nos conviertes en guerreras para tu reino.*

Erin no llegó fácilmente a esta condición. Te animo a leer su blog, porque muestra que ha recorrido un camino largo y penoso, con muchos momentos de desconsuelo, frustración y lágrimas. Sin embargo, también muestra lo que ella hizo con su aflicción.

Erin le llevó su angustia a Cristo. En el tercer cumpleaños de Addie escribió: «He estado escuchando la canción "Stronger" de Mandisa. Me encanta, y estoy creyéndole a Dios».

> Porque si él empezó esta obra en tu vida,
> fielmente la completará.

La mayor defensa contra la tormenta de mentiras que el enemigo usaría para borrar de tu vida todo momento de gozo es rodearte de la verdad de la Palabra de Dios. Erin hace eso de muchas maneras a través de la iglesia, la comunidad, la adoración y una sinceridad continua con su Padre, quien entiende lo difícil que esta vida puede llegar a ser. En lugar de dejar que la tormenta la aísle del amor y el cuidado de Dios, Erin sigue lanzándose a sus pies.

¡Esa es la clave! Créeme, eso es lo *último* que el enemigo quiere que hagamos. Él desea que el dolor nos aleje de Dios. No obstante, cuando una hija desconsolada del Rey le entrega su dolor y sufrimiento a Cristo, el enemigo experimenta una gran derrota. ¿Nos sentimos fuertes? No, nos sentimos destrozadas. Aun así, cuando participamos en ese intercambio divino y le llevamos nuestras tristezas a Cristo, nos fortalecemos con su propia fuerza.

¿Es fácil? No. Sin embargo, ¿cuándo dijo Cristo que sería fácil? Recuerda algunas de las últimas palabras de Jesús a sus amigos más íntimos: «En este mundo afrontarán aflicciones, pero ¡anímense! Yo he vencido al mundo» (Juan 16.33).

Erin y su esposo no solo recibieron a su pequeña con síndrome de Down, sino que Erin le abrió su corazón y su hogar a otra pequeñita que durante mucho tiempo había esperado que alguien viera su belleza.

¿Qué hay de ti? ¿Qué aflicción soportas en medio de tu soledad? Cuando la tormenta ruge por dentro, ¿a dónde llevas tu dolor? En el libro de Salmos, David escribió algunas palabras verdaderas en las que debemos afirmar nuestra vida:

> El SEÑOR está cerca de los quebrantados de corazón,
> y salva a los de espíritu abatido. (Salmos 34.18)

No estás sola. No estás *sola*. Sin que importe cómo te *sientas*, la Palabra de Dios nunca mentiría. ¡No estás sola!

CERCA DEL SUELO

En una de las noches más tristes de mi vida, cuando prácticamente no sabía si iba a vivir para ver otro día, elevé la oración más sencilla y gutural que alguna vez hubiera hecho: «*¡Jesús!*».

Eso fue todo. Fue lo único que pude expresar.

«¡Jesús!».

Oré con las lágrimas corriéndome por el rostro y los sollozos atormentando mi cuerpo.

«¡Jesús!».

Esa misma noche escribí en mi diario: «No sabía que vivías tan cerca del suelo».

Estaba acostumbrada a las grandes palabras de fe que encontramos en nuestros himnos, aquellas que declaran la majestad y la gloria de Dios. Tales palabras han estado a menudo en mis labios, pero en ese momento me hallaba varada en una playa desconocida, agotada, quebrantada e indefensa. Fue allí que me reuní con Cristo, aquel que aunque fuerte escogió ser débil a fin de que cuando tú y yo nos encontremos tan destrozadas para hablar, él cante sobre nosotros.

PERMANECE FIRME EN MEDIO DE TU TORMENTA

Si ahora mismo te encuentras atravesando una situación angustiosa, quiero recordarte que Cristo está muy cerca de los quebrantados. Nuestra cultura tira las cosas arruinadas, pero eso no es lo que hace nuestro Salvador. Él recoge todas las piezas, y con su amor y en su tiempo nos vuelve a unir.

He aquí algunas cosas que me han traído paz en las peores tormentas de mi vida.

1. Clama el nombre del Señor. Invoca el nombre de Jesús. La oración más poderosa puede contener solo una palabra cuando es el nombre de aquel ante cuyos pies un día se doblará toda rodilla.

2. Ofrécele tus angustias. Exprésalas. Dile toda la verdad. Invítalo a entrar a los lugares más tenebrosos y brutales... y ten la seguridad de que Dios te sostendrá.

> En mi lecho me acuerdo de ti;
> pienso en ti toda la noche.
> A la sombra de tus alas cantaré,
> porque tú eres mi ayuda.
> Mi alma se aferra a ti;
> tu mano derecha me sostiene. (Salmos 63.6 -8)

3. En tarjetas de diez centímetros por quince, copia algunos pasajes bíblicos poderosos que te hablen y mantenlas contigo. Estas son algunas de las mías:

> El Señor tu Dios está en medio de ti
> como guerrero victorioso.
> Se deleitará en ti con gozo,
> te renovará con su amor,
> se alegrará por ti con cantos. (Sofonías 3.17)

> Los justos claman, y el Señor los oye;
> los libra de todas sus angustias.
> El Señor está cerca de los quebrantados de corazón,
> y salva a los de espíritu abatido.
> Muchas son las angustias del justo,
> pero el Señor lo librará de todas ellas. (Salmos 34.17 -19)

Padre Dios:

Mi corazón está destrozado y tengo miedo.

La tormenta es muy fuerte y las olas son demasiado altas.

Escóndeme bajo el abrigo de tus alas, porque solo tú eres mi refugio y mi fortaleza.

Te ofrezco este corazón quebrantado como sacrificio vivo de alabanza al Dios que no permitirá que la tormenta del sufrimiento me alcance. ¡En ti soy fuerte!

Amén.

CAPÍTULO DOS

UN INVIERNO
PROLONGADO Y SOMBRÍO

DE LA DESILUSIÓN A LA ESPERANZA

*Alguien ha alterado el libreto. Han cambiado mis líneas. Yo creía
que era quien escribía esta obra.*

—MADELEINE L'ENGLE, *TWO-PART INVENTION:
THE STORY OF A MARRIAGE*

*Nos regocijamos en [...] nuestros sufrimientos, porque sabemos
que el sufrimiento produce perseverancia; la perseverancia,
entereza de carácter; la entereza de carácter, esperanza. Y esta
esperanza no nos defrauda.*

—ROMANOS 5.2–5

Después de mi primer concierto en Estados Unidos, dejé el
escenario solo para oír cuatro palabras de mi empresario:
«Bueno, eso fue decepcionante». Tales palabras me traspasaron el corazón como un pedernal. Sabía que eran ciertas; solo no deseaba oírlas. Estoy segura de que él tenía grandes esperanzas con respecto a mí cuando enfrenté al público estadounidense, pero me entró pánico y el miedo escénico se apoderó de mí.

Como una joven de veintiséis años, era la artista británica cristiana contemporánea más conocida. Realicé la primera presentación de música cristiana moderna en la British Broadcasting Network; mis álbumes escalaron a la cima de las listas británicas; mis conciertos británicos se llenaban por completo. Sin embargo, la realidad era que resultaba ser alguien grande en un medio muy, pero muy pequeño.

Entonces firmé un contrato de grabación con Sparrow Records y me invitaron a una gira por Estados Unidos en la que precedería a otro artista Sparrow, el legendario guitarrista cristiano Phil Keaggy. Volé desde mi hogar en Londres, Inglaterra, hasta Kansas City para ensayar con la banda de Phil. Me sentía tanto emocionada como nerviosa. Nuestro recorrido por sesenta ciudades empezaría en uno de los más grandes festivales musicales del país. Nunca había *visto* una multitud de treinta mil personas, mucho menos había cantado ante ellas. Un público numeroso en Escocia ascendía a unos cuantos cientos de personas, por lo que la enormidad de esta multitud en Kansas City me situó a varios códigos postales de distancia de mi zona de comodidad.

Además, en mi cerebro resonaban toda clase de órdenes que los amigos bienintencionados me dieron antes de salir de mi país. Un anciano de mi iglesia no aprobaba mucho mi estilo de música; miraba con recelo cualquier canción que no estuviera en el himnario. Por lo que este caballero mayor me dio un consejo antes de mi partida. «Tu música es demasiado ruidosa, Sheila», dijo en su fuerte acento escocés. «Nadie tendrá la menor idea de lo que estás cantando, así que asegúrate de decir algo importante y dar un pequeño mensaje de la Biblia entre cada una de tus cancioncitas».

Con ese comentario lanzado a un lado de la red, mi empresario se dispuso a disparar exactamente otro misil. «No hables demasiado, Sheila. Solo canta a pleno pulmón en cada canción. ¡Les he dicho a las personas que eres la próxima gran estrella!».

Soporté la presión de estos consejos conflictivos todo el tiempo en el escenario. Temprano ese día, mientras veía que las multitudes comenzaban a llegar, sentí que podía entrar en pánico; así que decidí escribir algo, algo profundo y significativo que pudiera decir en algún momento cuidadosamente escogido entre mis ruidosas y al parecer incomprensibles cancioncitas, ¡pero que tampoco fuera en detrimento de mí misma como «la próxima gran estrella»! Cuando terminé el escrito, lo leí una y otra vez, sintiéndome segura de que contaría con la aprobación del anciano sin que mi empresario se molestara demasiado.

Una cosa es ver una enorme muchedumbre tras bastidores y otra es pararse en el centro del escenario y ver a todo el mundo observándote. Nadie había oído hablar de mí, yo era nueva, y sinceramente todos querían oír a Phil Keaggy. La banda comenzó a tocar la introducción de mi primera canción, y una voz completamente irracional, pero extrañamente persuasiva, gritó dentro de mi cabeza. *¡Si cantas más aprisa acabarás más pronto y será menos probable que eches a perder todo!*

Canté tan rápido que terminé el primer par de canciones un verso antes que la banda. Había confundido a mis músicos, pero no más de lo que yo lo estaba. Así que simplemente esperé en silencio de modo que la banda pudiera alcanzarme. Para empeorar las cosas, estaba tan pálida como una mujer puede estarlo, por lo que *no* hice ningún movimiento para llenar el espacio muerto. Tan solo permanecí allí, inmóvil como un cadáver en espera de la resurrección.

Sintiendo que necesitaba hacer *algo* para salvar mi imagen, decidí regalarle a la audiencia la profunda pieza de verdad teológica que había preparado. Saqué la nota del bolsillo de mis pantalones de mezclilla y la coloqué en el atril frente a mí. En ese momento una ráfaga de viento que apareció de la nada levantó mi hoja de papel, la hizo volar fuera del escenario, y luego prácticamente la depositó en un bote de basura.

¿Qué podía hacer sino improvisar? Un pesado silencio descendió sobre la audiencia antes de brindarles esta profunda declaración: «¡Hola, Estados Unidos! Me... me... ¡me encanta su cabello!».

¿De veras? ¿Me encanta su cabello*? ¿De dónde rayos salió* eso*?*

Hasta el día de hoy me estremezco cada vez que alguien inocentemente dice: «¡Me encanta tu cabello!». Yo quería de manera desesperada declarar algo sobre el abrumador amor de Dios, acerca de cómo él había tomado a esta chica escocesa «sin ninguna posibilidad de triunfar» y le había concedido nueva vida... pero mientras me enfocaba en el rostro amable de una dama entre la multitud, lo único que logré tartamudear fue una declaración acerca de la alborotada melena de esta mujer. *Muy* decepcionante.

Al salir del escenario totalmente humillada, pude ver la desilusión en los ojos de mi empresario aun antes de que pronunciara sus cuatro lúgubres palabras.

UNA DURA REALIDAD

Desilusión es una palabra dura. Habla de fracaso, de no dar la talla, de frustración. La palabra se posa justo en tu alma y la desinfla. Puede llegar por medio de algo tan trivial como una película muy promocionada que no tuvo los resultados previstos, o sentirse tan fuerte como un golpe en el corazón que te hace tambalear.

Si me pides que elija una palabra que en última instancia me pueda conducir a la esperanza, *desilusión* no precisamente me atraería de manera natural. La desilusión se siente como el enemigo mortal de la esperanza. Nos agota. Grita más un *«¡No!»* en un mundo con demasiada falta de *«¡Sí!»*.

Hace poco me senté a leer más de doscientas cartas de mujeres que he recibido solo en los últimos meses. Les había contestado, pero conservé las que realmente se me clavaron en el corazón. Una y otra vez, la palabra *desilusión* era la protagonista.

«Me habría gustado haber cuidado de mamá y haber estado allí cuando se sintió tan deprimida. Estoy muy desilusionada de mí».

«Mi mayor lucha es desilusionarme de mí misma».

«La conclusión es la siguiente: estoy desilusionada de mi vida».

«Me siento amargamente desilusionada por mi fracaso como madre».

«Estoy angustiada y desilusionada por lo que se siente al ser esposa de un pastor».

«Estoy muy desilusionada porque todo lo que le enseñé a mi hija acerca del amor de Dios no tuvo ninguna influencia en ella. Ahora está en prisión a causa de su adicción».

«Estoy profundamente desilusionada de lo insatisfecha que me siento a pesar de ser una líder cristiana».

«Estoy desilusionada de Dios. Le imploré que sanara mi matrimonio y no lo hizo».

Créeme, la palabra *desilusión* aparece en *muchas* más cartas que en estas pocas que he citado. De todos los temas que nos acosan como mujeres, la desilusión parece debilitarnos más que la mayoría. Esta puede estar dirigida hacia nosotras mismas u otra persona. Incluso puede dirigirse hacia Dios.

¿Qué dirías acerca de tus propias experiencias con la desilusión? Mientras revisas tu vida, ¿podrías identificar áreas en que hayas enfrentado (o estés enfrentando) desilusión?

- Desilusión de ti misma.
- Desilusión de tu matrimonio.
- Desilusión por decisiones que tus hijos hayan tomado.
- Desilusión por aquello en que se ha convertido tu vida.
- Desilusión de Dios.

Por lo general, nos resulta mucho más fácil expresar desilusión con respecto a nosotras mismas o los demás que hablar de la insatisfacción con nuestro Padre celestial. Es difícil declarar en voz alta: «¡Estoy desilusionada de ti, Dios!». Esto parece algo malo, incluso blasfemo. La crítica en lo profundo de nuestra alma nos recuerda que se supone que la vida cristiana sea de victoria. Nadie desea ponerse de pie en una reunión de oración y confesar que Dios le ha decepcionado. ¡Queremos expresar lo *correcto*, lo *espiritual*, lo *religioso*, lo que hace que los demás aplaudan y digan amén!

Me encanta la historia que cuenta mi amigo, el doctor Henry Cloud.

—¿Qué es gris, tiene cola peluda y come nueces? —le preguntó a su clase una maestra de la escuela dominical.

Como nadie contestó, ella repitió la pregunta.

—Vamos, niños —les pidió a sus alumnos—. ¡Ustedes saben eso! ¿Qué es gris, tiene cola peluda y almacena nueces para el invierno?

Después de más silencio, finalmente un valiente niño levanta la mano.

—Pues bien —declaró—. ¡Sé que la respuesta es «Jesús», pero no hay duda de que a mí me parece una ardilla!

La compulsión por decir lo «correcto» explica por qué tantas de nosotras hemos caído espiritualmente enfermas.

Aunque no lo admitamos muy a menudo, creo que todos queremos más bien dar la respuesta *correcta* que decir lo que creemos que realmente es *verdad*. Sin embargo, escucha esto: la compulsión por decir lo «correcto» explica por qué tantas de nosotras hemos caído espiritualmente enfermas. Si tal idea (que Dios mismo te ha desilusionado) se esconde en lo profundo de tu alma, ¡abre la puerta y déjala salir! Hablo en serio. Detente ahora mismo y destierra ese pensamiento de tu mente por medio del poder de Cristo resucitado. Los pensamientos y las emociones que acechan en la oscuridad se convierten en un campo de juego para el enemigo, en el cual su inmundicia tóxica se reproduce mejor.

«Él contestó las oraciones *de ella*. Me pregunto: ¿por qué no contestó las tuyas?».

«Has cometido demasiadas equivocaciones. ¡Dios se ha lavado las manos en cuanto a ti!».

«¿Recuerdas ese aborto [o esa aventura]? ¡Por eso es que Dios no te está escuchando!».

«Eres una gran desilusión para todos, ¡incluso para Dios!».

Todas estas mentiras, y un millón como ellas, vienen directamente de la cripta más profunda del infierno. Nos golpean en el estómago y nos quitan el aliento con la misma facilidad que un trozo de madera flotante es levantado sin esfuerzo por una ola y estrellado con fuerza contra la costa.

LA RELACIÓN VERDAD-ESPERANZA

Es probable que hayas escuchado la frase: «Di la verdad y avergüenza al diablo». No sé dónde se originó tal afirmación, pero expresa gran sabiduría. La verdad le importa a Dios, y esta nos conduce a la esperanza. La verdad es como un faro en una noche tormentosa en medio de la oscuridad total, el cual nos mantiene alejados de los sentimientos que nos quebrantarían.

> SEÑOR, hazme conocer tus caminos;
> muéstrame tus sendas.
> Encamíname en tu verdad, ¡enséñame!
> Tú eres mi Dios y Salvador;
> ¡en ti pongo mi esperanza todo el día! (Salmos 25.4 -5)

> El SEÑOR está cerca de quienes lo invocan,
> de quienes lo invocan en verdad. (Salmos 145.18)

Dios es espíritu, y quienes lo adoran deben hacerlo en espíritu y en verdad. (Juan 4.24)

Dejando la mentira, hable cada uno a su prójimo con la verdad, porque todos somos miembros de un mismo cuerpo. (Efesios 4.25)

¿Creemos de veras que horrorizaremos a Dios si le decimos cómo nos sentimos realmente? ¿Nos imaginamos que le hacemos algún bien a nuestra alma al fingir?

Escucha, Dios es tan grande y su amor tan aguerrido como para tratar con *cualquier* cosa que sintamos o debamos enfrentar. Así que detengámonos aquí ahora mismo y reconozcamos la verdad: la vida puede desilusionarnos profundamente. La Palabra de Dios no se avergüenza de la verdad; por tanto, ¿deberíamos hacerlo nosotras? Es más, no tienes que viajar muy lejos a través de las primeras páginas de la Biblia para encontrarte con la desilusión.

Eva enfrentó la desilusión al saber que su decisión de desobedecer a Dios produjo un asesinato dentro de su propia familia cuando en un arrebato de ira su hijo mayor mató al menor.

En medio de sus contemporáneos, solo Noé siguió caminando con Dios. Si ahora tus días te parecen tristes, imagínate cómo sería ser la única familia en todo el *planeta* que amaba y honraba a Dios.

La verdad es como un faro en una noche tormentosa en medio de la oscuridad total, el cual nos mantiene alejados de los sentimientos que nos quebrantarían.

Volvamos a Job y su intensa y creciente desilusión. No solo perdió a la familia y todas sus posesiones, sino también perdió la salud. No sé qué clase de relación tenía Job con su esposa antes de que todo esto sucediera, pero la tragedia que devastó a esta pareja también debilitó su matrimonio.

Al dirigirnos al Nuevo Testamento, celebramos la llegada del Mesías; sin embargo, aunque Dios caminaba en ese entonces con zapatos humanos, la desilusión permaneció como una realidad diaria. Piensa en dos de las amigas más cercanas de Jesús, María y Marta. Cuando necesitaron más del Señor, él no se apareció.

El hermano de estas mujeres, Lázaro, estaba moribundo. Ellas habían visto con sus propios ojos lo que Jesús podía hacer: sanar a completos extraños. ¡Ya que él consideraba a Lázaro como un verdadero amigo, sin duda llegaría corriendo a ayudarlo en su hora de necesidad! ¿Verdad que sí? Sin embargo, no lo hizo.

¿Cambia la historia después de la resurrección? No. Obtenemos un vistazo de cómo fue esa desilusión en la vida del apóstol Pablo. Cuando se convierte en un apasionado seguidor de Cristo, las dificultades y desilusiones se vuelven incluso más intensas. El hombre sufrió varios naufragios, apedreamientos, golpes y arrestos. Con todo, vale la pena resaltar que fue Pablo quien escribió la siguiente declaración profunda y desafiadora:

> Así que nos regocijamos en la esperanza de alcanzar la gloria de Dios. Y no sólo en esto, sino también en nuestros sufrimientos, porque sabemos que el sufrimiento produce perseverancia; la perseverancia, entereza de carácter; la entereza de carácter, esperanza. Y esta esperanza no nos defrauda. (Romanos 5.2–5)

Cuando Pablo le escribió esta carta a la iglesia en Roma, no era un nuevo creyente en el primer arrebato de fe. No, él había caminado con Cristo durante más de veinte años, enfrentando algunas de las desilusiones más crueles que se pueden enfrentar. ¿Recuerdas que una mañana lleno de esperanza el apóstol se había propuesto llevar el evangelio de Cristo a Filipos y por la noche había sido golpeado, esposado y arrojado a la celda de una cárcel? En una ciudad fue apedreado y dado por muerto. Pablo no trazó su rumbo basándose en los sentimientos que tan fácilmente nos pueden abrumar, sino en lo que había aprendido que era cierto. Si cuando atravesamos una temporada sombría tratamos de dirigir nuestras vidas según lo que sentimos, podemos encallar entre las rocas. Debemos guiarnos por lo que es verdadero, sintamos lo que sintamos.

Basado en su profunda y amplia experiencia, Pablo le escribió a la primera iglesia, y a ti y a mí, para darnos esta significativa imagen: la desilusión y la esperanza están vinculadas en alguna clase de danza extraña. Debemos esclarecer esto, porque normalmente tú y yo no reaccionamos ante los problemas con gran alegría. Cuando leo un versículo como este, suelo interpretarlo a través de los oídos de amistades que sé que enfrentan alguna importante desilusión.

Pienso en Linda, cuya hija, Bethany, enfrenta una cirugía tras otra.

Pienso en María, que batalla con la infertilidad y enfrenta una nueva desilusión cada mes.

¿Te puedes imaginar diciéndole a María mientras sufre otro golpe mensual: «Vamos, Mari, alégrate. ¡Esto te ayudará a levantar la fe!»?

Decirle tal cosa a alguien que atraviesa una profunda desilusión parece algo muy insensible en el mejor de los casos, y totalmente fuera de la realidad en el peor. Creo que Salomón tenía razón cuando escribió: «Dedicarle canciones al corazón afligido es como echarle vinagre a una herida» (Proverbios 25.20).

Pero (y este es un enorme *pero*), he aquí mi conclusión: creo en cada palabra de la Biblia. Dios solo habla la verdad, y su infalible Palabra no puede mentir. Por eso, en lugar de tratar de hacer que la Palabra de Dios se conforme a mi estado emocional, estoy comprometida a alinear mis emociones con la Biblia. Mis emociones pueden cambiar en un momento, pero la Palabra de Dios es sólida como la roca, así que estoy aprendiendo a hacer que mis emociones coincidan con lo que siempre es cierto, no solo con lo que podría *parecer* verdad por un momento. Además, quiero hacerlo con integridad, sin fingimiento. Al enfrentar una nueva desilusión puedo elegir guiarme por el verdadero norte entre las corrientes de la desesperación y la negación. Por lo general, eso significa para mí una sincera conversación en voz alta con Dios.

> Señor:
> No vi venir esto, y es algo que sinceramente nunca habría deseado. Se siente abrumador, pero has prometido que la desilusión llevada a la cruz finalmente conducirá a la esperanza. Por eso, guiaré mi corazón en tal dirección y obligaré a mis sentimientos a que se alineen con la Estrella de la Mañana.

Retrocedamos por un momento. Si el Señor ha prometido que nuestras pruebas y desilusiones nos llevarán a una esperanza más fuerte e inquebrantable, quiero entender entonces cómo funciona tal proceso. Vivimos en días muy difíciles, por lo que fingir que estamos bien cuando no es así no funcionará. Debemos luchar por una fe *verdadera* que nos sostenga en medio de las más feroces tormentas.

Pablo sabía todo esto. Él no escribía desde un cómodo sillón, bebiendo un té aromatizado. El apóstol sabía qué era enfrentar la amarga desilusión y la persecución. Y sin embargo, declaró apasionadamente que los problemas y sufrimientos que enfrentamos nos ayudan a desarrollar la perseverancia... en las manos de Dios y de la manera maravillosa y misteriosa en que él extrae belleza de las cenizas. La perseverancia, a su vez, da a luz a la entereza de carácter, que luego edifica en nosotros una confiada esperanza de salvación. Pablo escribió esta última declaración con absoluta convicción.

¡La esperanza no desilusiona!

Un giro en medio de la ola

Sin embargo, tengo una pregunta tanto para ti como para mí.

¿Cómo puede ocurrir esto?

¿Cómo podemos pasar de la más tenebrosa noche de desilusión a la profunda esperanza que describe Pablo? ¿O quizás debemos recorrer un largo y sombrío viaje antes de incluso vislumbrar un poco de esperanza en el horizonte?

Casi nunca impartimos en la iglesia el curso Desilusión 101. Para empeorar las cosas, nuestra cultura tiene muy poca idea de cómo manejar la desilusión.

No me malinterpretes; amo a Estados Unidos. Estoy orgullosa de ser ciudadana de este país. Me encanta la manera en que apoyamos a nuestros héroes. Me encanta la forma en que celebramos a nuestra nación. Me encanta el modo en que desechamos un sinfín de oportunidades para que las personas se destaquen... pero me preocupa un profundo peligro oculto entre toda la belleza y la oportunidad. *Nos hemos olvidado de enseñarles a las personas cómo vivir con la realidad de la desilusión.* Este conocimiento no se obtiene de forma natural, y cuando no lo aprendemos, podríamos sentirnos tentadas a tirar la toalla ante los primeros sentimientos de dificultad. O peor todavía, podríamos perder semanas, meses y a veces años de nuestras vidas tratando de recuperarnos de algo que temíamos que nos destruiría hasta que la tormenta se apacigua y vemos que Cristo estaba en control todo el tiempo, sin importar cómo parecían las cosas o las sentíamos.

Aunque la desilusión hiere, el dolor no tiene que convertirse en nuestro enemigo. Lo que convierte al dolor en nuestro enemigo o amigo es la manera en que tratamos con él. Como mamá he descubierto que esta distinción es más difícil de lo que he previsto. ¡Quiero proteger a mi hijo de todas las desilusiones de la vida! Sin embargo, cuando lo intento, le hago mucho daño, porque la desilusión es parte de la existencia. Cuando no reconocemos esta realidad, tendemos a ver la desilusión como un desastre en vez de verla como una oportunidad de aprender y crecer, como un sendero hacia la verdadera esperanza. Por esa razón, debemos aprender a reconocer la desilusión como un giro en medio de la ola y no como el final del viaje.

No toda desilusión es tan grande como parece al principio. Y algunas veces las pequeñas desilusiones nos exasperan más... una astilla en lugar de una herida abierta. ¡Una y otra vez he tenido que aprender la última lección!

En la primavera del año 2012 me uní a Weight Watchers (un método para adelgazar). Quería perder veinte libras. Eso tal vez no les parezca mucho a algunas personas, pero dictaminaba lo que podía y no podía usar de mi clóset. No sabía si este programa funcionaría tan bien en mis cincuenta como funcionó en mis cuarenta, pero decidí darle una oportunidad.

La libertad del programa me asombró. Gradualmente, semana a semana, perdí peso, y después de tres meses había alcanzado mi objetivo. ¡Maravilloso! Estaba emocionada. ¡Qué alivio alcanzar mi peso ideal!

No obstante, luego hice un viaje internacional a Etiopía con Visión Mundial. Volamos desde Dallas a Ámsterdam, Holanda; de ahí a Nairobi, Kenia; y después a Addis Abeba, Etiopía. Weight Watchers provee muchas herramientas para vivir en el mundo real, pero todas dependen de un truco: es necesario *usarlas*. Nos habían dicho que en África no debíamos comer frutas o verduras frescas, ya que podían alterar nuestros sistemas, pero nadie dijo nada en cuanto a los dulces.

A continuación volé a Londres para unirme a Bobbie Houston y Christine Caine en la Colorida Conferencia

Debemos aprender a reconocer la desilusión como un giro en medio de la ola y no como el final del viaje.

para Mujeres de Hillsong Australia. Salimos a tomar el té de la tarde; y cuando tu anfitriona te presenta un plato de dulces caseros y crema, bueno, ¿quién sería tan odiosamente maleducada para rechazarlo? Estoy segura de que puedes imaginar el resto de la historia.

Una por una, las libras volvieron arrastrándose. Las llamo «libras mensajeras», ya que nunca pierden de vista el lugar donde vivo. En el fondo de mi mente seguía pensando en un especial navideño que debía patrocinar, transmitido simultáneamente en Estados Unidos y otras partes del mundo. No cesaba de pensar: *si empiezo la semana siguiente, tendré un mes entero para reducir tallas.*

Basta decir que cuando vi la transmisión simultánea en mi computadora en casa, mi apariencia no me hizo feliz. Mi vestidor demasiado caliente y mi vestido blanco demasiado apretado habían conspirado para convertirme en una gran bestia de las nieves sudorosa.

¡Desilusionador!

Por desgracia, no toda desilusión viene en paquetes tan triviales o fácilmente reparables. La realidad puede ser mucho, mucho más dura. Tal vez por años has estado viviendo en una etapa de desilusión. Solía viajar por toda Europa con mi banda, y la temporada más difícil para visitar a muchos países del norte europeo es el invierno. Por ejemplo, si visitas Noruega, solo hay una hora de luz solar. La oscuridad es deprimente e implacable. Quizás así es como te sientes. Has orado y orado hasta que ya no te quedan palabras. Observas a otros alrededor de ti y ves que sus vidas se acomodan muy bien. Ah, por supuesto, ellos tienen sus momentos de lucha, pero nada como los tuyos.

Pienso en una mujer que ha venido a oírme hablar cada año durante los últimos catorce años. La veo en medio de la multitud cuando visito su ciudad, y luego nos encontramos en un lugar tranquilo para ponernos al día. Sus tenaces luchas por la salud la debilitan. A veces me envía un texto a Facebook o Twitter solo para decir: «Por favor, ora por mí. Siento que estoy perdiendo la esperanza». Oro con mucho gusto y le ofrezco cualquier palabra de ánimo que pueda, pero estoy profundamente consciente de que puedo hacer muy poco para aliviar las desilusiones cotidianas en la vida de esta dama. Lucho con eso. No tengo versículos o palabras celestiales de discernimiento que brinden una solución rápida, y ninguna pócima que evite su sufrimiento.

En ocasiones me pregunto si los creyentes tienen más dificultades para hacer las paces con la desilusión que con el dolor. Si buscas más allá de la superficie de la angustia, ¿yace la desilusión justamente debajo? ¿Nos mantiene enfermas este veneno?

Pregunto esto porque como hijas del Rey celebramos a un Dios todopoderoso y lleno de amor, y las verdades gemelas de la desilusión y un Dios de amor omnipotente no tienden a complementarse muy bien. Imaginemos que tienes un hijo que ha abandonado su fe. Cada noche te pones de rodillas y le ruegas a Dios que tu hijo regrese al Señor. Oras día tras día, semana tras semana, mes tras mes... y nada cambia. A primera vista parece que has quedado con el siguiente dilema:

Dios es amor, pero mi hijo no ha vuelto a casa;
por tanto, Dios no puede ser poderoso.

O

Dios es poderoso, pero mi hijo no vuelve a casa;
por tanto, Dios no puede ser amor.

El asunto se complica todavía más cuando sumamos el hecho de que algunas personas que oran reciben *exactamente* lo que piden... por entrega especial de FedEx al día siguiente. Por lo tanto, ¿qué te dice eso? ¿Tiene favoritos Dios? Al comparar las vidas parece difícil que el Dios del universo nos ame a cada uno con el mismo grado de amor ardiente y apasionado. Además, si no creemos que él nos ama a todos por igual, nos cuesta confiar absolutamente en él. Según Herman Melville escribió:

La razón de que la mayoría de los hombres le teman a Dios, y que en el fondo ese Dios les disguste, se debe a que desconfían del corazón divino, y a que imaginan que él es todo cerebro como un reloj.[1]

Ese es sin duda el desafío de nuestra fe, mantener esas dos verdades como absolutas, a pesar de la aparente contradicción. Dios *es* todopoderoso y *es* amor puro, sin diluir. Sin embargo, él *no* es como un genio que aparece cuando frotamos la lámpara mágica y nos concede tres deseos.

Si ahora mismo estás atravesando una temporada de profunda desilusión, el enemigo te podría hacer creer la mentira de que Dios no está escuchándote y no le importa. Podría señalarte circunstancias dolorosas y presentarlas como evidencia irrefutable.

¡Siendo hijas del Rey no podemos vivir así! Debemos mantener, como un refugio, la verdad de la Palabra de Dios por encima de nuestros sentimientos desesperados de desilusión, sabiendo que le importamos y nos ama de manera más profunda de lo que alguna vez sabremos.

Y sin embargo vienen las dudas

Una gran cantidad de las historias de la Biblia encarnan nuestras muchas preguntas en cuanto a la desilusión:

¿Por qué dejaste que esto sucediera, Dios?
¿Por qué tuvieron ellos que padecer tanto y por tan largo tiempo?
¿Por qué no interviniste?

Estas son preguntas profundamente conmovedoras y difíciles para mí, y aparecen en una de las historias del Evangelio de Marcos. Sin duda la conoces bien, así que quizás me permitas profundizar un poco más allá de los detalles que tenemos e imaginarnos cómo pudo haber sido la vida de esta mujer.

———————

Se sentía sola, desesperadamente sola. Algunos días, cuando al fin reposaba la cabeza en la almohada en la noche, se daba cuenta de que no había pronunciado una palabra en toda la jornada.

La mujer casi había olvidado cómo sonaba su propia voz. El día se convertía en noche, una y otra vez, como una rueda incansable. Las apacibles brisas veraniegas daban paso a una estación más fría, y ella lo observaba todo desde su ventana. En aquellas ocasiones en que las lluvias torrenciales inundaban las calles, llevando hojas y ramas hasta el río y limpiando todo en su camino, ansiaba poder limpiarse así de fácil.

A veces en la noche, cuando la luna se ocultaba y únicamente las estrellas iluminaban el cielo, la mujer salía de casa y recorría las calles conocidas. Recordaba cómo de niña bailaba con sus amigas y levantaban polvo a su paso. Podría atravesar umbrales de amigos y familiares, anhelando extender el brazo y tocar madera conocida, ver aquella puerta abierta y recibir una bienvenida sonriente junto con un cálido abrazo, y luego poder acomodarse en un lugar de honor ante la chimenea. Sin embargo, ella seguía caminando.

Las noches más lóbregas se habían vuelto sus más íntimas amigas. Nunca iba muy lejos; sus delicados huesos le hacían imposible los viajes largos. La mujer conocía sus límites, cuán lejos podía ir antes de tener que dar media vuelta y regresar a una casa silenciosa. Aunque le dolían las rodillas, con los delgados huesos presionándole la piel todavía más delgada, se arrodillaba al lado de la cama todas las noches antes de hallar refugio bajo las raídas cobijas. Entonces oraba: «Oh, Dios de Abraham e Isaac, Dios de David... ¡ten misericordia de mí ahora! Permite que tu favor repose sobre mí. No soy nada, solo la más baja de las bajas; ten compasión de mí ahora. Soy una inmunda y solo tú puedes volver a limpiarme. Ten misericordia de mí ahora». Había perdido la cuenta de las semanas, los meses y los años que había hecho esta misma oración; sin embargo, cada noche volvía a inclinarse de rodillas.

Una mañana escuchó voces emocionadas que se filtraban a través de su ventana mientras una multitud avanzaba por el medio de la calle. Conversaban acerca de un sanador. Hablaban de milagros, de personas ciegas que recibían la vista... de cosas que únicamente un hombre de Dios podía hacer. La gente corría presurosa a buscar a aquel Sanador.

La mujer ansió poder acompañar a estas personas, participar de la emoción y la esperanza que las embargaba, pero no tenía ningún derecho a unirse a alguna muchedumbre. La Ley dejaba en claro que a no ser que el sangrado se detuviera por al menos siete días, todo y todos los que tocara serían tan malditos como ella lo era. Y aun así se preguntó: *¿y si esta fuera mi única oportunidad?*

En realidad, ¿qué podía perder? ¿Cómo podía su situación ser más desoladora de lo que ya era? El dinero se le había agotado, y su reflejo resultaba más demacrado cada vez que veía su propia imagen en el agua. Su oportunidad era ahora o nunca.

Tomó la vieja capa y se envolvió con ella, cubriéndose la mayor parte de su torturado rostro. Siguió a la multitud, dejando poca distancia entre ella y los demás. Finalmente, llegaron hasta el Sanador.

Si logro tocar siquiera el borde de su manto, tan solo una borla, pensaba, *quedaré sana*. La mujer vio su oportunidad y la aprovechó. El Sanador se había vuelto para seguir a otro hombre, y por un momento se abrió una pequeña brecha entre el gentío. Con cada onza de fortaleza que le quedaba en su maltrecho cuerpo, estiró la mano y tocó el borde de las vestimentas del hombre de Dios.

Al instante, como el alba que irrumpe en el horizonte, el sangrado se detuvo. No podía haber duda alguna. La mujer sintió que una profunda plenitud recorría su cuerpo. Contuvo un grito de alegría que quería brotarle de los labios, girando para alejarse rápida y silenciosamente de la multitud... cuando de repente el Sanador habló.

«¿Quién me tocó?».

La mujer se llenó de pánico. Sintió que el corazón se le paralizaba en el pecho. Por un instante había creído que podía irse y pasar desapercibida, pero ahora quedaría al descubierto. Y sin embargo, el Sanador no señaló hacia ella; simplemente esperó. La mujer también permaneció en espera, paralizada, aterrada, sola. Había violado la Ley y estaba consciente de eso, pero su desesperación la llevó a los pies del hombre. Ya no podía contener toda la tristeza y la desilusión que se habían amontonado en su interior. Se lanzó otra vez a los pies del Sanador y dio rienda suelta a su dolor... ¡y él la escuchó! Oyó toda su historia, aunque la voz de la mujer se volvía cada vez más ronca a causa de tan poco frecuente arrebato emocional. Y entonces el hombre le habló.

La miró y declaró: «¡Hija, tu fe te ha sanado! Vete en paz y queda sana de tu aflicción».

¿Sería posible? ¡El Sanador la había llamado «hija»! Nadie se había dirigido a ella en muchos años; no obstante, él la llamó hija.

Más tarde esa noche, mientras la mujer reposaba la cabeza en la almohada, pensó: *yo quería que la hemorragia se detuviera. Eso es lo único que necesitaba. No tenía idea de que necesitaba mucho más. Necesitaba un lugar al que pertenecer. Miré en el rostro de Dios... y lo vi sonriendo.*

———

A menudo me detengo en las últimas palabras que Cristo le dirige a esta mujer. No puedo dejar de reflexionar en su significado. Él le dijo que fuera y *quedara* sana, pero ella ya *estaba* sana, ¿no es así? En el momento en que tocó el manto de Cristo la hemorragia se había detenido. Por lo tanto, ¿de qué más necesitaba ser sanada?

¡De muchísimo más!

Creo que esa mujer necesitaba sanidad de todas las mentiras que incesantemente durante más de una década habían resonado en su cabeza. Creo que necesitaba sanidad de la vergüenza y la amarga desilusión. Creo que necesitaba sanidad del odio hacia sí misma, que debió haber llevado sobre los hombros como un pesado abrigo. Cuando limitamos la salvación a un simple acto o compromiso que hacemos con Cristo, perdemos la hermosura y la profundidad de la salvación plena que él desea proveer.

> *Cuando limitamos la salvación a un simple acto o compromiso que hacemos con Cristo, perdemos la hermosura y la profundidad de la salvación plena que él desea proveer.*

La mujer deseaba ser curada, pero Jesús quería darle plenitud. La palabra griega para salvación, *sozo*, significa «salvar y sanar».

Cristo no desea nada menos que esto para cada una de nosotras. No quiere nada menos para *ti*, pues sigue obrando en nuestra vida mucho después que llegamos a la fe, poniendo al descubierto los lugares desgarrados donde hemos perdido la esperanza e invitándonos a entregarle *todo*. Esta mujer quebrantada le entregó a

Cristo (y a nosotras) el hermoso regalo de su historia: todo, incluso el dolor y la amarga desilusión. ¡Entonces él la recibió! Ella fue a casa ese día con un pozo de esperanza en su interior. ¡Y no solo porque el sangrado se hubiera detenido! No, la mujer regresó a casa llena de gozo porque le había dicho a Jesús toda la verdad, y fue bueno.

¿Has hecho eso en alguna ocasión?

¿Le has dicho alguna vez sobre lo que has lanzado a lo profundo del sótano de tu alma, con la esperanza de que nunca lo volverías a ver?

¿Has mencionado alguna vez *en voz alta* las desilusiones de tu vida?

Al enemigo le gusta atormentarnos con todas esas cosas. Le encanta hacer pública nuestra basura y enfrentarnos con la fetidez. Sin embargo, cuando le llevamos a Jesús toda la verdad, el poder de un secreto conservado por mucho tiempo simplemente se desvanece. *Solo* cuando le dices toda la verdad a Jesús, sacando a la luz aquello que consideras horrible e irredimible, puedes experimentar la bendición de escucharle decir en las partes más recónditas de tu corazón: *hija, tu fe te ha curado. Ve en paz y queda sana de tu enfermedad.*

Jesús anhela poseer *todo* de ti. ¿Te agobia lo desilusionada que estás contigo misma, otros o Dios? Dile a Cristo toda la verdad. En este lado del cielo nunca comprenderemos la profundidad del amor de Dios, pero contamos con una gloriosa invitación a cambiar nuestra desilusión por la esperanza segura e indiscutible que tenemos en Cristo.

MÁS PREGUNTAS AUN

No obstante, aún quedan muchas preguntas sin respuesta. Cristo no le concede a toda mujer un encuentro tan dramático como el que narra el Evangelio de Marcos. Así que nos preguntamos: si Dios nos ama a todas por igual, ¿por qué una madre clama por la restauración de su familia y nada cambia, pero otra madre ora con la misma intensidad y rápidamente halla esperanza y recibe respuesta a su oración? ¿Por qué en ocasiones Dios interviene cuando oramos por sanidad, pero otras veces ninguna curación llega, o al menos no en una forma que tenga sentido para nosotras?

No tengo respuestas satisfactorias. Solo puedo señalar lo que el profeta Isaías escribió con respecto a Dios: «Mis pensamientos no son los de ustedes, ni sus caminos son los míos, afirma el Señor» (Isaías 55.8). Mi pensamiento se enfoca en Juan el Bautista.

Hacia el final de su fiel ministerio, Juan pronunció una palabra de verdad a muchos en la audiencia con las autoridades y fue lanzado a prisión. Mientras más tiempo permanecía allí, consumiéndose en la oscuridad, más se cuestionaba. Finalmente, el hombre envió a sus seguidores a preguntarle a Jesús: «¿Eres tú el que ha de venir, o debemos esperar a otro?» (Lucas 7.20). Quizás su pregunta resuena con fuerza dentro de ti. Tal vez has hecho lo que creías que Dios te había llamado a hacer, sacrificándote por la misión de Cristo; sin embargo, te encuentras en alguna clase profunda de «cárcel» de desilusión. La confianza que una vez tuviste en Jesús (recuerda el primer mensaje de Juan narrado en Juan 1.29: «¡Aquí tienen al Cordero de Dios, que quita el pecado del mundo!») se pierde en tu garganta, y te hundes en un profundo desaliento, preguntándote si hiciste bien las cosas o incluso si Dios se ha equivocado.

Jesús no le respondió a Juan como yo podría haber esperado. No se presentó en la prisión, no colocó su fuerte brazo alrededor del desanimado primo, ni dejó que Juan participara en el resto de la historia: «No te preocupes, Juan. Todo va a estar bien, sin que importe cómo te sientas ahora. ¡Por supuesto que soy el Mesías! Tan solo ten fe y te sacaré de esta vieja y apestosa cárcel en cualquier momento». Al contrario, Jesús de inmediato curó a un montón de enfermos, expulsó una cantidad de demonios, sanó a los cojos y dio vista a los ciegos (algo que ningún profeta del Antiguo Testamento hiciera alguna vez; Dios había reservado esto como señal exclusiva para el ministerio del Mesías), y predicó el evangelio. Luego se volvió a los discípulos de Juan y declaró: «Vayan y cuéntenle a Juan lo que han visto y oído», y finalmente añadió: «Dichoso el que no tropieza por causa mía» (Lucas 7.22–23).

Ahora bien, ¿por qué Jesús dijo *eso*? Creo que lo hizo porque acababa de realizar todos esos milagros maravillosos y liberadores para *otras* personas, mientras que el fiel Juan permanecía en la cárcel. Dichoso es el hombre o la mujer que, aunque esté bombardeado por sentimientos de desilusión, aún sigue amando a un Dios al que no siempre entiende. Esa es la cruda realidad de la vida, ¿verdad? Dios, en su gracia soberana, sana a algunos mientras otros siguen enfermos. Resucita a algunos de los muertos mientras otros mueren. Libera de la prisión a algunos mientras otros languidecen durante años... o son ejecutados allí. ¿Por qué? No lo sé.

Lo que sí sé es que a veces actuamos como si Dios estuviera obligado a hacer realidad todos nuestros sueños y a darle un final feliz a todos los cuentos terrenales. Utilizamos frases como: «¡Dios está locamente enamorado de ti!», olvidando que vivimos en una zona de guerra donde la munición verdadera vuela por el aire y aún se producen bajas. Además, cuando *somos* una de las víctimas, los sentimientos que nos inundan nos hacen dudar, hacen que nos cuestionemos si hemos oído correctamente a Dios (ya que de haberlo hecho, ¿no estaríamos fuera de prisión?), o dudamos de la bondad, el amor o incluso la misma existencia de Dios.

Creo que tal vez eso es lo que Jesús pretendió decir en su mensaje personal a Juan: «Dichoso el que no tropieza por causa mía». Al parecer, Jesús no había seguido el libreto que Juan esperaba que siguiera. Además, cuando ocurren cosas malas que creemos que no tienen cabida en el guión, ¿a quién no le resulta fácil ceder a los sentimientos de desesperación?

La desilusión y la cárcel van de la mano con mucha naturalidad. Jesús no le ofreció a Juan la bendición especial de una tarjeta de «salida de la cárcel», aunque sin duda pudo haberlo hecho y en realidad más tarde lo hizo exactamente por Pedro (lee Hechos 12). En vez de abrir las puertas de la prisión para Juan, prometió una bendición divina para todos los que sigamos creyendo en él *aunque leamos un libreto muy distinto del que nos hemos imaginado que el Señor debe usar.*

En este mismo instante podrías sentirte en gran medida como Juan: cansada, desanimada y confundida. Y aunque no te sientas así ahora (alabado sea Dios), es probable que tarde o temprano lo estés. Jesús le dio a Juan, y nos da a ti y a mí, algo sólido, esperanzador y fuerte (algo «bendecido») para mantenernos en el camino durante el resto de nuestros viajes, por mal que nos puedan parecer las cosas.

Juan *no* se había equivocado. Jesús *era* el Mesías. Dios *había* bajado lleno amor y gracia para rescatar a su asediado pueblo. Cuando sigues creyendo a pesar de las circunstancias difíciles, la bendición real, verdadera y divina es tuya, aunque no llegue al pie de tu puerta atada con un lazo y los adornos que habías esperado, ansiado o anhelado.

No, no conoceremos la verdadera dimensión de esa bendición divina hasta el juicio final. Sin embargo, lo que saboreamos aquí acerca de ella puede darnos esperanza, ánimo y fortaleza a los que vemos a Dios obrar *en* nosotros, aunque las circunstancias no sean lo que creíamos o anhelábamos. ¿Es erróneo o insensato entonces orar con todo el corazón para que Dios nos saque de nuestras prisiones? No, en absoluto. En su gracia y bondad, él puede hacer exactamente eso, o incluso más. No obstante, eso es asunto suyo, no nuestro.

Lo que nos corresponde, pase lo que pase, es continuar creyendo en Jesús y seguirlo con la certeza de que una bendición divina *está* viniendo hacia nosotros. En medio de la peor tormenta imaginable, nos aferramos en cuerpo y alma al mástil de la verdad de la promesa de Dios de que la desilusión nos llevará a la esperanza. No se trata de que no vayamos a escuchar los chillidos de las mentiras del enemigo en medio de la noche, sino de que nos negaremos a que ellos tracen nuestro rumbo.

Una verdad más profunda

¿Qué podemos decir entonces con respecto a la mujer que enfrentó una agonizante lucha durante más de doce años? ¿Qué esperanza podemos ofrecer?

Tal vez tú seas esa mujer. La amiga que busco cada vez en medio de la multitud ha sufrido mucho más que una docena de años. Tú misma podrías sentirte atrapada en una situación abrumadoramente desilusionadora que parezca tener poca posibilidad de mejorar. ¿Qué puede decirte la Palabra de Dios a ti o a alguien más que se halle en una situación de la cual se puede esperar poco alivio en esta tierra?

Quizás Dios nos está llamando a ti y a mí a una verdad mucho más profunda con respecto a lo que significa renunciar al control de nuestras vidas hasta que lo único que queramos sea a él mismo. Durante años habían definido a la mujer en la historia de Marcos por solo un aspecto: «Mira, allá va esa dama con un problema de sangre». Sin embargo, ahora ya no la definirían por un *problema*, sino por su *identidad* como hija de Dios.

En medio de nuestra enfermedad ansiamos curación, pero el anhelo que sentimos va mucho más allá de cualquier sanidad física. No sabemos cuánto tiempo vivió esta mujer después de su curación, pero puedo garantizar este único hecho: llegó el día en que ella lanzó su último aliento y murió. Jesús hizo que Lázaro regresara con sus hermanas después que el hombre había estado en una tumba durante cuatro días, pero un día él también murió. (¡Otra vez!)

La verdadera sanidad que todos anhelamos es nada menos que una ininterrumpida comunión con Dios nuestro Padre. Nadie puede tocar tu identidad como hija de Dios. Por cada *¡No!* que has recibido en la vida, Cristo te obsequia un *¡Sí!* definitivo, el cual se logró en la cruz. Pablo estaba en lo cierto:

> No nos desanimamos. Al contrario, aunque por fuera nos vamos desgastando, por dentro nos vamos renovando día tras día. Pues los sufrimientos ligeros y efímeros que ahora padecemos producen una gloria eterna que vale muchísimo más que todo sufrimiento (2 Corintios 4.16–17).

En esencia, este me parece el mismo mensaje que Jesús le envió a Juan el Bautista. Tenemos una esperanza eterna, mantenida a salvo para nosotros por medio de Cristo, la cual ningún mentiroso puede tocar jamás. No se trata de un sentimiento; es una verdad pura e inquebrantable.

PERMANECE FIRME EN MEDIO DE TU TORMENTA

Tal vez uno de los aspectos más sentidos de la desilusión es que resulta muy debilitante. No es como la feroz tormenta de la angustia que barre y diezma el paisaje en cuestión de momentos. No, es más como una noche de invierno que nunca termina. Quizás sean las dos de la mañana ahora mismo para ti. De ser así, mi querida hermana, quiero que recuerdes que sin que importe cuáles sean tus sentimientos, la verdad permanece: no estás sola.

1. ¿Quieres dedicar un momento a escribir con la mayor sinceridad posible todas las desilusiones de tu vida, sin tener en cuenta lo insignificantes que pudieran parecer? Al lado de cada una debes escribir: «¡La esperanza no desilusiona!». Guarda esto como un diario de fe y considera cómo con el paso del tiempo Dios ha traído la promesa de la primavera para el invierno más prolongado.

2. Me encanta lo que el teólogo Miroslav Volf escribió: «Aunque [...] nuestros cuerpos y nuestras almas pueden ser asolados, continuamos siendo el templo de Dios; a veces un templo en ruinas, pero aun así un espacio sagrado».[2] Debido a que eres el lugar de morada del Señor, ¿estarías dispuesta a ofrecerle tu adoración incluso ahora en las ruinas que ves?

3. Incluso a través de tu noche tenebrosa, ¿le pedirías a Dios ojos para ver a otros que están a la deriva y quisieras ser un faro de esperanza, sin importar cuán tenue puedas sentir la llama?

Comprométete a tomar en serio este pasaje bíblico:

Nos regocijamos en la esperanza de alcanzar la gloria de Dios. Y no sólo en esto, sino también en nuestros sufrimientos, porque sabemos que el sufrimiento produce perseverancia; la perseverancia, entereza de carácter; la entereza de carácter, esperanza. Y esta esperanza no nos defrauda. (Romanos 5.2–5)

Señor, de todas las estaciones de mi alma, te ofrezco mis más profundas desilusiones, creyendo que solo tú puedes dar paso a la mañana luego de la noche más lóbrega.

Amén.

CAPÍTULO TRES

Cómo navegar en aguas traicioneras

De la falta de perdón a la libertad

*Todo el mundo dice que el perdón es una hermosa idea hasta que
tienen algo que perdonar.*

—C. S. LEWIS, *MERO CRISTIANISMO*[1]

*Como escogidos de Dios, santos y amados, revístanse de afecto
entrañable y de bondad, humildad, amabilidad y paciencia, de
modo que se toleren unos a otros y se perdonen si alguno tiene queja
contra otro. Así como el SEÑOR los perdonó, perdonen también
ustedes. Por encima de todo, vístanse de amor, que es el vínculo
perfecto.*

—COLOSENSES 3.12–14

El doctor Lloyd John Ogilvie narra una divertida historia acerca de un sacerdote episcopal que estaba de pie ante el atril de su iglesia un domingo por la mañana y pronunció las tradicionales palabras: «El Señor sea con ustedes». Se suponía que las personas contestaran: «Y con tu espíritu», pero no dijeron nada. El doctor Ogilvie continuó:

Puesto que la nave y el presbiterio (la parte de una catedral más cerca al altar) estaban divididos por una distancia, el sacerdote dependía totalmente del sistema de altoparlantes. La congregación no había oído las palabras iniciales debido a que dos pequeños cables en el micrófono se habían desconectado. Llamando la atención de un sacerdote compañero en el presbiterio, el religioso golpeó el micrófono en su mano. Mientras lo hacía, los dos cables se reconectaron y lo que dijo se transmitió en voz alta en todo el santuario. Él exclamó: «¡Hay algo malo con este micrófono!». Respondiendo de manera rutinaria y aprendida de memoria, las personas dijeron al unísono: «Y con tu espíritu».[2]

Esta es una historia cómica, pero me hace pensar en las más profundas emociones que podrían asaltar a nuestros espíritus y arrastrarnos bajo aguas profundas.

Al cavilar y orar por los temas de este libro, he sentido una abrumadora carga en mi espíritu con relación al perdón. Una profunda revelación espiritual tan solo acerca de *este tema* podría cambiar nuestra vida.

El enemigo nos lanzará muchas cosas para tratar de derribarnos: desánimo, miedo, vergüenza... la lista es larga. Sin embargo, creo que le hacemos el trabajo más fácil a Satanás en lo que se refiere al perdón. Reconozcámoslo, cuando alguien nos hiere o nos traiciona, no *queremos* perdonar. Por lo tanto, muchas voces interiores cooperan con los flagelantes vientos en esta mortífera batalla mental:

¡Eso estuvo mal!
¡No es justo!
¿Cómo pudo ella proceder de esa manera?
¡Has arruinado mi vida!
¡Ni siquiera están apenados!
Si la perdono, voy a dejar que se salga con la suya.

De todas las cartas de mujeres que he recibido en los últimos años, las más aleccionadoras tienen que ver con el perdón. Innumerables vidas se han arruinado o están afectadas porque alguien se ha negado a perdonar. Pues bien, permíteme decir aquí que no creo en el «perdón barato y fácil». Una mirada a la cruz de Cristo hace evidente que comprar nuestro perdón le costó *todo*. El verdadero perdón debe *costar*. La respuesta poco entusiasta de «Ah, está bien, simplemente olvídate de eso», o la actitud hipócrita de «No puedo olvidar, pero te perdono en el nombre de Jesús», es algo contrario a la Biblia.

Por consiguiente, ¿qué es el perdón verdadero?

Falta de perdón = Rebeldía

Muchas personas afirman que se niegan a perdonar porque no sienten hacerlo, pero a menudo el verdadero perdón no implica una emoción en absoluto. La mayoría de las veces perdonar significa arrastrar nuestra voluntad y nuestros sentimientos como un acto de obediencia hasta alinearlos con la voluntad de Dios. Negarse a perdonar (ya sea a nosotras mismas o a otros) nos sitúa en una rebelión directa contra Dios.

¿Te parece un poco fuerte esto?

Espero que sí. La falta de perdón ha paralizado al cuerpo de Cristo, entregándole un importante territorio a nuestro enemigo. Hombres parados en el púlpito semana tras semana albergan amargura en sus corazones; sin embargo, se preguntan a dónde se ha ido el gozo del ministerio. Trabajar en un ministerio a tiempo completo implica un llamado, no un maquillaje del carácter; únicamente la sumisión al Espíritu Santo puede cambiar nuestros obstinados corazones.

Rosalind Goforth, en su autobiografía *Climbing* [Escalada], relató la falta de perdón a la que se aferró durante años como misionera en China. Robert J. Morgan vuelve a contar la historia:

> *Negarse a perdonar (ya sea a nosotras mismas o a otros) nos sitúa en una rebelión directa contra Dios.*

Existía una ira interna que Rosalind albergaba contra alguien que los había perjudicado profundamente tanto a ella como a su esposo,

Jonathan. Fue una herida grave de la que la pareja nunca volvió a hablar, pero aunque Jonathan pareció perdonar fácilmente al agresor, Rosalind no estuvo dispuesta a hacerlo.

Durante más de un año ella no aceptó ni le habló a esa persona que vivía cerca de la estación misionera en China. Transcurrieron cuatro años y el asunto seguía sin resolverse, y hasta cierto punto, se había olvidado.

Un día los Goforth estaban viajando por tren hacia una reunión religiosa en alguna parte de China. Durante meses Rosalind había sentido una falta de poder en su vida cristiana y su ministerio, así que en su compartimiento del tren inclinó la cabeza y clamó a Dios para que la llenara con el Espíritu Santo.

«Inequívocamente clara llegó la Voz Interior: "Escríbele a (la persona hacia quien yo sentía odio y falta de perdón) y pídele perdón por la manera en que la has tratado". Mi alma entera gritó: "Nunca". Volví a orar igual que antes, y de nuevo la Voz Interior habló tan claro como lo hiciera en la primera ocasión. Otra vez grité en mi corazón: "Nunca, nunca. ¡Nunca perdonaré a ese individuo!". Cuando lo mismo se repitió por tercera vez, me puse en pie de un salto y me dije: "¡Renunciaré a todo, porque nunca, nunca perdonaré!"».

Un día después, Rosalind estaba leyéndoles a sus hijos cierto fragmento de *El progreso del peregrino*. Se trataba del pasaje en el que un hombre en una jaula gime: «He agraviado al Espíritu, y él se ha ido. He provocado la ira de Dios, y él me ha dejado». Al instante una terrible convicción vino sobre ella, y durante dos días y noches sintió una espantosa desesperación. Finalmente, mientras hablaba a altas horas de la noche con un compañero de la misión, un joven viudo, estalló en sollozos y le contó toda la historia.

—Pero Rosalind, ¿estás dispuesta a escribir la carta? —preguntó él.

—Sí —respondió ella al fin.

—Entonces ve enseguida y hazlo.

La mujer saltó, entró corriendo a la casa y escribió unas pocas líneas de humildes disculpas por sus acciones, sin ninguna referencia a las de su agresor. El gozo y la paz regresaron a su vida cristiana. «A partir de ese momento», escribió Rosalind en su autobiografía, «nunca me he atrevido a no perdonar».[3]

¿Puedes relacionarte con la ira y la fuerza de la emoción expresada por Rosalind? Ella había cargado con esa amargura por *años*. Cuando alguien ha hecho algo malo, algo que lastima profundamente a quienes amamos, y esa persona parece haberse salido simplemente con la suya, todo dentro de nosotras se subleva. Dios nos creó para que reaccionáramos con fuerza contra la injusticia. ¡Y cuando al ofensor ni siquiera *le importa* lo que ha hecho, bueno, eso tan solo le añade combustible al fuego!

Como artista cristiana realicé un recorrido por treinta ciudades con un promotor que al final huyó con todo el dinero. No le pagó a nadie... ni a la banda, ni a los del sonido, ni a la compañía de iluminación... a ninguno. Finalmente, localicé al sujeto y me quedé atónita por su total falta de remordimiento.

«¿Qué piensa hacer usted?», se burló. «¿Demandarme? Adelante. Voy a declararme en bancarrota y a comenzar bajo otro nombre».

Nunca en mi vida me había topado con esa clase de corazón insensible. Terminé vendiendo mi propia casa para pagarle a la banda y el personal. No quería que ellos sufrieran las consecuencias del pecado del hombre. Las secuelas emocionales de tal situación me acompañaron durante algún tiempo. En última instancia, quedé en paz al entregarle el asunto a Dios. Aunque me costó la casa, solo se había tratado de dinero.

Pensé que me había librado del todo de este asunto hasta que un día en un retiro de artistas, algunos años después, vi a este hombre caminando hacia mí. No estaba preparada para las olas de emoción que invadieron mi corazón: ira, amargura, un pozo enconado de falta de perdón. De pie en medio de la luz del sol de una hermosa mañana en Colorado, el caos que sentía por dentro me estaba golpeando. Sinceramente, me sentía sorprendida. No tenía idea de que me hubiera aferrado a tantas cosas por tanto tiempo.

Oí la voz de Dios en mi espíritu: *me entregaste la deuda, pero no al deudor*. El promotor no había reparado en mí hasta ese momento. Cuando vio quién estaba de pie a solo unos metros de él, dio media vuelta y prácticamente salió corriendo en la dirección opuesta. Caí de rodillas en el camino, con las lágrimas corriéndome por el rostro, mientras llevaba a este atribulado hombre a la cruz. Lo perdoné ese día. Lo perdoné de todo corazón. Cuando me arrodillé y oré, me percaté de una piedra que comenzaba a lastimarme la rodilla derecha. Levanté la piedra y la guardé en mi bolsillo. La tengo hoy en día en mi oficina, como un recordatorio de las palabras: «Aquel de ustedes que esté libre de pecado, que tire la primera piedra». Busqué a este hombre durante el resto del tiempo que pasé allí y no lo volví a ver, pero la obra que Dios hizo ese día en mi atribulado espíritu me cambió para siempre.

Esa situación, aunque preocupante, no tiene nada que ver con ser traicionada por alguien a quien se amaba y en quien se confiaba. Las profundas heridas relacionales y la traición del alma presentan un desafío mucho más difícil, porque a menudo nos dejan sintiéndonos emocionalmente devastadas.

Si no perdonamos, no podemos vivir libres.

«Mi esposo me abandonó después de veintiséis años para irse con una muchacha que tiene la misma edad de nuestro hijo. ¿Cómo pudo hacer eso?».

«Tras doce años y dos hijos, mi marido me dijo que es homosexual. Él es anciano de nuestra iglesia. ¿Cómo voy a volver a mirar a alguien a la cara alguna vez?».

«Mi padre abusó sexualmente de mí desde que tenía diez años hasta que tuve quince. ¿Cómo se supone que perdone eso?».

He equiparado la falta de perdón con la libertad debido a que las dos permanecen inseparablemente unidas en nuestra vida espiritual. Si no perdonamos, no podemos vivir libres. Podríamos *parecerles* libres a los demás, pero en nuestro interior seguimos atrapadas por cualquier cosa que nos neguemos a entregarle a Cristo.

Este asunto ha surgido reiteradamente en la crianza de nuestro hijo. Los niños hieren a otros chicos sin sentirse apenados en lo más mínimo. Mi hijo ha tropezado en muchas ocasiones con esa fea realidad.

—¡Pero no es justo! —gritaba a menudo.

—Lo sé, cariño, no es justo —respondía yo todas las veces—. El señor Justo ya no vive aquí, pero Jesús sí.

Tal vez no te guste cómo se oye eso más de lo que le gustaba a mi hijo Christian a sus diez años. Francamente, a mí tampoco me agradaba este asunto, ya fuera a los diez, veinte, treinta o cuarenta años. Sin embargo, al entrar en mis cincuenta he comenzado a comprender el gran regalo oculto en lo que parece una frase trillada: *en un mundo que no es justo, el perdón es un regalo de Dios para nosotros.*

No podemos cambiar algunas cosas. La gente engañará, mentirá, abusará y simplemente huirá. Sin embargo, Cristo nunca huye. Él conoce las abrumadoras cargas que llevas y te ofrece un hermoso intercambio:

Vengan a mí todos ustedes que están cansados y agobiados, y yo les daré descanso. Carguen con mi yugo y aprendan de mí, pues yo soy apacible y humilde de corazón, y encontrarán descanso para su alma. Porque mi yugo es suave y mi carga es liviana. (Mateo 11.28–30)

Jesús declara: «Mi yugo es suave y mi carga es liviana». Este es un viaje, un proceso, una lenta reforma del corazón. La cruz nos ha dado un lugar al que llevar lo peor que nos han hecho y luego dejarlo allí para que Dios trate con ello. No obstante, lo haremos únicamente si confiamos en él y creemos en su control soberano; no solo afirmándolo con nuestros labios, sino con nuestras vidas.

LA CRUZ Y EL PERDÓN

Ya que puedo sentir la tensión en mi propio corazón, permíteme decirte que sé que estoy en peligro de perderte, en especial si tus heridas son frescas y están abiertas. Por favor, permanece conmigo. Quizás has atravesado alguna situación indignante e imperdonable. Tal vez has soportado maltrato y traición a un nivel impensable, que nos dejaría aturdidas y furiosas. No minimizo nada de ello; sostengo que todo eso es verdad.

Lo sostengo todo en una mano... y la cruz de Cristo en la otra.

Puesto que Dios nos da instrucciones de perdonar, esto debe ser posible. ¡No digo que sea fácil! No obstante, él no nos ordenaría hacer algo que no pudiéramos lograr.

La Palabra de Dios no pasa por alto el dolor. ¡Todo lo contrario! En las páginas de la Biblia hallamos una larga lista de los pecados más obscenos cometidos sobre la faz de esta tierra, y sin embargo, levantándose encima de todos ellos está la cruz de Cristo. Sin ella no habría perdón ni mandato de perdonar.

> Por eso les digo: Crean que ya han recibido todo lo que estén pidiendo en oración, y lo obtendrán. Y cuando estén orando, si tienen algo contra alguien, perdónenlo, para que también su Padre que está en el cielo les perdone a ustedes sus pecados. (Marcos 11.24–25)

> Abandonen toda amargura, ira y enojo, gritos y calumnias, y toda forma de malicia. Más bien, sean bondadosos y compasivos unos con otros, y perdónense mutuamente, así como Dios los perdonó a ustedes en Cristo. (Efesios 4.31–32)

> Pedro se acercó a Jesús y le preguntó: «Señor, ¿cuántas veces tengo que perdonar a mi hermano que peca contra mí? ¿Hasta siete veces?» Jesús le contestó: «No te digo que hasta siete veces, sino hasta setenta y siete veces». (Mateo 18.21–22)

A menudo el número siete tiene un significado muy importante en la Biblia. En el idioma hebreo, el número siete se denota *shevah*, que proviene de la raíz *savah* y cuyo significado es «estar lleno, estar satisfecho». Por lo tanto, con frecuencia el número siete habla de una obra completa (aunque no siempre). En este pasaje Cristo le está diciendo a

Pedro: «Aquí abajo, la necesidad de perdonar nunca termina. Debes perdonar una y otra y otra vez».

LO QUE NO SIGNIFICA PERDONAR

Tal vez debamos hacer una pausa por un momento para ver lo que el perdón *no* significa.

- Perdonar *no* implica que lo que la persona hizo estuvo bien; la gente hace muchas cosas que distan bastante de ser correctas.
- Perdonar *no* significa que debas continuar en una relación hiriente con alguien que te ha lastimado y seguirá lastimándote.
- Perdonar *no* es enterrar la cabeza en la arena y fingir que la ofensa nunca ocurrió.
- Perdonar *no* es negar el dolor.
- Perdonar *no* significa que no tomemos en serio la maldad.

Aunque Dios nos llama a perdonar a quienes nos han hecho mal, algunos pecados requieren un castigo civil. Un abusador de niños, por ejemplo, debe ser reportado a las autoridades.

Una jovencita me preguntó una vez si había hecho mal al reportar a un violador. «Dices que debemos perdonar», señaló ella, «sin embargo, yo lo entregué». Le dije que lo que había hecho era algo absolutamente correcto y valiente. Ese hombre pudo haber seguido violando a otras mujeres. Pablo nos dice: «La autoridad [...] está al servicio de Dios para impartir justicia y castigar al malhechor» (Romanos 13.3–4). Él tenía en mente a las autoridades civiles, que en esa época eran los romanos.

Perdonar no tiene que ver con descartar la responsabilidad de la otra persona, sino con liberar nuestros corazones.

Perdonar no tiene que ver con descartar la responsabilidad de la otra persona, sino con liberar nuestros corazones.

¿Oíste eso? No se trata del pecado del que te agravió, sino de tu libertad. A Satanás le encantaría tener a cada una de nosotras en una prisión de falta de perdón, atadas para siempre a quien nos ultrajó. El enemigo tiene muchos dardos finamente pulidos dirigidos a los corazones de aquellos que aman a Dios, pero escucha esto: ¡él no tiene nada en su arsenal para combatir el perdón!

Permíteme decirlo otra vez: *¡Satanás no tiene nada en su arsenal para combatir el perdón!*

Cuando elegimos arrastrar el peso de la falta de perdón hasta la cruz, y por la gracia y la misericordia de Dios dejarlo allí, el enemigo se queda desconcertado. Imagínate a ti misma rebuscando en el sótano de tu alma, haciendo brillar una luz en cada rincón oscuro y exponiendo todo sentimiento exacerbado, todo deseo de venganza y toda razón justificable para permanecer amargada. Mira ahora cómo lanzas todo eso a una bolsa de basura, la atas con fuerza y vuelves a salir de ese lugar hacia la luz del día. Arrastra esos desperdicios hasta el pie de la cruz y déjalos allí. ¡Eres libre!

Jesús pagó por tu libertad... de forma completa, íntegra y para siempre. Podría serte útil escribir las peores cosas que te hayan hecho y encontrar un lugar dónde quemar ese escrito. Incluso mientras el humo y las cenizas suben, permanece firme, renunciando ante Cristo a tu derecho a desquitarte.

«Así como...»

Por consiguiente, ¿qué es perdonar? ¿Cómo saber cuándo tenemos el perdón total de Dios y cuándo hemos perdonado verdaderamente a los demás?

Hallamos esta instrucción esencial en Mateo 6, en medio de la disertación a menudo llamada «el Sermón del Monte». Jesús nos la ofrece mientras enseña acerca de la oración. ¡Ahora bien, cuando él dice: «Ustedes deben orar así», quiero poner atención! Jesús hizo esta oración para enseñarles a sus discípulos cómo orar; la diseñó como una oración modelo apropiada para aquellos que tienen una relación vital y continua con Dios Padre.

Padre nuestro que estás en el cielo,

santificado sea tu nombre,

venga tu reino,

hágase tu voluntad

en la tierra como en el cielo.

Danos hoy nuestro pan cotidiano.

Perdónanos nuestras deudas,

como también nosotros hemos perdonado a nuestros deudores.

Y no nos dejes caer en tentación,

sino líbranos del maligno. (vv. 9 -13)

Con frecuencia nos detenemos allí, pero Jesús continuó su lección espontánea añadiendo: «Porque si perdonan a otros sus ofensas, también los perdonará a ustedes su Padre celestial. Pero si no perdonan a otros sus ofensas, tampoco su Padre les perdonará a ustedes las suyas» (vv. 14–15).

Me parece interesante que los versículos 14 y 15 básicamente reiteren y amplíen el versículo 12 del Padrenuestro: «Perdónanos nuestras deudas, como también nosotros hemos perdonado a nuestros deudores». Esta no es una pequeña sugerencia, sino una mirada a lo que le interesa profundamente a Dios.

Jesús relaciona de manera inseparable el perdón de Dios con nuestro perdón a los demás. Exactamente de igual modo, el apóstol Pablo nos instruye a perdonarnos unos a otros, «así como Dios los perdonó a ustedes en Cristo» (Efesios 4.32).

Así como...

¿Y cómo nos perdonó Dios a través de Cristo? ¿De qué nos perdonó y cuánto?

El Nuevo Testamento usa cinco palabras distintas para referirse al «pecado».

- *Hamartia* significa «errar el blanco». Todas hacemos eso. ¡Íbamos a perder cinco libras antes del verano!

- *Parabasis* significa «cruzar una línea». Vemos la línea, nos sentimos tentadas a cruzarla, y damos el paso.
- *Paraptoma* significa «deslizarse a través de la línea», no de manera tan deliberada como *parabasis*... ¡sino más como lo que sale de nuestra boca si se te cae la plancha en el pie!
- *Anomia* significa «ingobernable», un desprecio total por lo que es bueno.
- *Opheilema* significa «no pagar una deuda». Esta es la palabra que Cristo usó en Mateo 6.

Cristo dio su vida en la cruz, no porque tú y yo pudiéramos errar el blanco en alguna ocasión, o cruzáramos una línea para ver si nos atraparían, o algo se nos escapara sorpresivamente de la boca, o incluso decidiéramos vivir de manera ingobernable. No, Cristo afirmó haber entregado su vida por nosotros porque le debíamos a Dios una deuda enorme que no teníamos la capacidad de pagar. Supón que fueras una mujer con dos dólares a tu nombre y un agente del Servicio de Impuestos Internos te localizara y te dijera: «Le debes al gobierno dos millones de dólares, y tienes que pagarlos antes del anochecer o vas a la cárcel».

No podrías pagar esa deuda.

Nadie podría hacerlo.

Tenemos una deuda con Dios que sencillamente no hay manera de cancelar. Es demasiado grande y nuestros recursos demasiado pequeños. Una cosa es decirle a alguien: «Siento mucho haber chocado contra la parte trasera de tu auto», y otra muy distinta es no tener absolutamente ningún medio de pagar una deuda colosal. Solo Cristo podía hacer eso por nosotros... y lo hizo. Si no fuera por él, no tendríamos acceso al cielo; sin embargo, debido al supremo sacrificio del Señor, podemos llegar allí y hacer de ese sitio nuestro hogar eterno, por medio de la fe en Jesús y en el derramamiento de su sangre. A lo largo de nuestras vidas destrozadas, Dios ha estampado: DEUDA PAGADA POR COMPLETO.

Y es a partir de *ahí* que él nos llama a perdonar de todo corazón.

¿Cómo perdonamos entonces a los demás? Repito, se trata de un proceso.

Empieza donde te encuentres

¿A quién debes perdonar? Comienza donde estés ahora y sé sincera con Dios en cuanto a tus emociones. Nada que le digas al Padre será una sorpresa. Podrías empezar con una oración como esta: *Padre, creo que me has pedido perdonar, pero no quiero hacerlo. Ayúdame a hacer lo correcto sin que importe lo que yo sienta.*

No esperes hasta sentir que deseas perdonar, porque quizás ese día nunca llegue.

Entrega a esa persona a la misericordia de Dios, en vez de pedirle que lleve a cabo su venganza divina.

No hables del asunto con otros. No se trata de una solicitud de oración cuando le expones tus sentimientos a otra persona.

Comienza a orar por la bendición de Dios en la vida de la persona que te agravió.

Si la amargura vuelve, expúlsala otra vez... y otra... y otra. Setenta veces siete.

Te aseguro que este no es ejercicio clínico para mí, ya que tengo tanta necesidad de la corrección del Espíritu Santo como cualquier otra persona. Cuando comencé a escribir las palabras que ahora estás leyendo, no sabía que Dios tenía que hacer una cirugía en mi propio corazón.

Tras escribir los primeros centenares de palabras para este capítulo, tomé un descanso a fin de ir a arreglarme los pies. Llevé mi Biblia y una libreta, pensando que mientras mis pies estuvieran en remojo podría apuntar ciertas cosas que te podrían ser de utilidad.

¡Bueno, al parecer fui yo quien necesitaba ayuda ese día!

Una vez que leí de nuevo el Padrenuestro, oí al Espíritu de Dios hablándome al corazón, diciéndome que aún no había perdonado a dos individuos. Al instante recordé sus nombres. Y objeté:

¡Señor, eso fue hace mucho tiempo!
¡Ni siquiera he visto a ninguna de esas personas en más de veinte años!

Ni siquiera sé si están vivas.

No sabría cómo ponerme en contacto con ellas.

Ese sujeto intentó destruir mi vida.

¡Señor, él no solo me hirió, sino que les mintió con respecto a mí a personas que me importaban!

¿No recuerdas que una vez lo confronté y el individuo ni siquiera sintió un poco de pena?

Mis pies estaban dentro de un recipiente con agua, pero yo había olvidado cómo lavar los pies de otros.

Así que mis manos fueron a Facebook en mi iPhone, ingresé un nombre, y apareció uno de esos dos rostros... junto con un lugar para enviar un mensaje privado.

Dios había clarificado su orden: *pide perdón y no menciones nada de lo que esa persona te ha hecho.*

Momentos después recordé que un par de años antes alguien me había enviado información de contacto de la otra persona, por si alguna vez quisiera hablarle.

Envié un mensaje de texto. Únicamente pedí perdón.

Habían pasado veinte años. Casi nunca reflexioné en el agravio, pero si de vez en cuando uno de esos nombres aparecía en alguna conversación, sentía que se me oprimía el pecho. No veía esto como falta de perdón. Lo consideraba una «herida justa» que soportaba valientemente por el bien de Cristo. Sin embargo, esa herida mía, por justa que pudiera haber creído que fuera, aún estaba infectada.

Coloqué el teléfono en el apoyabrazos para que no fuera a caerse dentro del agua, pero solo unos momentos después oí el sonido familiar de un mensaje de texto que entraba. Levanté el aparato y vi que el mensaje era de la persona con la que no había hablado en años. El individuo escribió: «Con gusto te perdono; sin embargo, ¿te importaría recordarme qué sucedió?».

No supe qué hacer a continuación. No podía escribir simplemente: «¡Ah, nada!».

Escribí un breve mensaje y le pregunté si él recordaba una situación en particular.

Me contestó de inmediato: «Ahora sí lo recuerdo. En ese entonces yo era un idiota. Dios ha estado obrando en mi corazón durante años. ¡Perdóname, por favor!».

Perdonar nos liberó a los dos.

En su libro *Perdón total* el doctor R. T. Kendall declaró: «Un domingo vi inesperadamente a una persona en uno de nuestros servicios que había herido gravemente a uno de nuestros hijos. Vi que estaba allí justo antes de que yo fuera a predicar, y me sentí como Corrie Ten Boom debió haberse sentido cuando divisó al guardia de la prisión en medio de la audiencia. En una ráfaga, el Señor pareció decirme: "Dices que quieres ver un avivamiento en esta iglesia; ¿y si el comienzo de un gran avivamiento se apoya en que tú perdones totalmente o no a esta persona?"».[4]

En los últimos meses he sentido un cambio en mi corazón, un llamado profundo a batallar, a levantarme y vivir como una hija del Rey, no como una víctima de este mundo. Considero esto un llamado de atención para vivir lo que afirmo creer. Mi Padre está en control, sin importar cómo parezcan las cosas, y si busco en otra parte que todo tenga sentido, rápidamente me topo con la sucia trampa del enemigo de pelear por lo que considero correcto, justo o equitativo.

Perdonar es un poderoso asunto espiritual. Desafía la lógica humana, porque no es algo de esta tierra. Cuando por la gracia de Dios decidimos perdonar de manera voluntaria e intencional, el enemigo es derrotado una vez más.

¿QUÉ ELIJES?

Si tuviéramos que cavar a través de las muchas capas de nuestros corazones cuidadosamente vendados, podríamos sorprendernos al ver que en el mismo fondo, muy cerca de la herida, hemos puesto al mismo Dios en el estrado. Todos nuestros dedos lo señalan de manera acusadora, porque no hay duda alguna de que él pudo haber evitado por completo el asunto.

Él tenía el poder para detener la violación... pero no lo hizo.

Él se quedó parado junto a ti cuando de niña le pediste ayuda... y no hizo nada.

Él permitió que el tirador ingresara a esa escuela y acribillara a balazos a todos esos niños inocentes. ¿Por qué no hizo que el atacante al menos tuviera un ataque cardíaco?

Jesús entiende que preguntas angustiosas como estas podrían ser obstáculos insuperables. Después de todo, él oyó algunas muy parecidas durante mucho tiempo.

- «¿Acaso no había sepulcros en Egipto, que nos sacaste de allá para morir en el desierto?» (Éxodo 14.11).
- «¡Despierta, Señor! ¿Por qué duermes? ¡Levántate! No nos rechaces para siempre» (Salmos 44.23).
- «Señor, ¿no te importa que mi hermana me haya dejado sirviendo sola?» (Lucas 10.40).
- «¡Maestro! —gritaron—, ¿no te importa que nos ahoguemos?» (Marcos 4.38).

Nuestro enemigo toma cada una de estas oportunidades para destilar su veneno y susurrar sus mentiras en nuestros ardientes oídos:

«¿Qué pasaría si todo saliera mal, Moisés?».
«¿Y si le hubieran apostado al dios equivocado, israelitas?».
«¿Qué tal que Jesús no sea tan sabio y amoroso como crees, Marta?».
«¿Y si a tu "Mesías" le importara un comino que vivas o mueras, Pedro?».

Jesús nos invita a seguirlo aunque no lo comprendamos. ¿Recuerdas el mensaje para su pariente Juan mientras «el Bautista» se hallaba en la húmeda cárcel de Herodes? Jesús declaró: «Dichoso el que no tropieza por causa mía» (Lucas 7.23).

¿Amarás a un Dios que no siempre entiendes?
¿Te negarás a ofenderte por lo que Cristo no hace?

¿Perdonarás de manera libre y total para que puedas ser libre?

Este es un momento que afecta la vida. ¿Te rendirás? ¿Elegirás llevar tu corazón hasta la cruz y perdonar, ya sea que «lo sientas» o no?

En su excelente libro *Forgive to Live* (*Perdona para vivir*), Dick Tibbits escribió:

> La libertad para elegir (el poder de decisión) te confronta cada vez que te equivocas. ¿Elegirás la culpa? ¿O decidirás el perdón? ¿Le entregarás las riendas de tu vida a alguien que ni siquiera te gusta, o preferirás dirigir la senda de tu propio futuro?

Su última pregunta resulta aleccionadora. «¿Preferirás dirigir la senda de tu propia vida?».

¿Qué quiso decir Tibbits? Creo que quiso dar a entender que podemos elegir. En esencia, podemos dejar que quien nos ha agraviado siga eligiendo nuestro sendero, ya que no perdonamos y por ende permanecemos atadas a esa persona. O nuestra decisión puede ser someter nuestros «derechos» a Cristo y elegir el camino que él ha puesto delante de nosotras.

El doctor Tibbits le llama a la decisión de perdonar la «llave para dar tu primer paso hacia la libertad».[5] Además, insiste en que «puedes elegir si permaneces atada por aquellos que te hacen daño (padres, cónyuge, jefe o alguna otra figura de autoridad), o si los perdonas y por tanto quedas libre del dominio que ejercen sobre ti. El perdón te libera para tomar la decisión definitiva en la vida: ¿elegirás ser una víctima o una vencedora?».[6]

Incluso mientras escribía esas últimas palabras, algo dentro de mí se levantaba en contra de la forma en que se oían. Pensaba en cuán fácil es ponerse una camiseta o pegar una calcomanía. Casi nunca la realidad es así de nítida. Sin embargo, vuelvo a una declaración que hice al principio de este capítulo acerca de que este tema, perdonar o negarse a perdonar, puede cambiar nuestras vidas. Eso creo. Muchos de los dardos del enemigo nos hieren y nos dejan sangrando, pero esta flecha envenenada puede eliminarnos. No quiero decir que podríamos perder nuestra salvación, ya que esta se basa en la obra concluida de Cristo en la cruz, sino que perderíamos toda eficacia en la tierra para el reino de Dios. Pocas elecciones que hagamos en esta vida llevarán el peso de esta decisión, pero la noticia liberadora es que podemos escoger.

PERMANECE FIRME EN MEDIO DE TU TORMENTA

Te animo a tomarte tu tiempo aquí. No te apresures a través de esta tormenta. Deja que se calme y ruja dentro de ti por un rato hasta que haya lanzado sobre la orilla de tu alma todo aquello con que debes tratar. Solo entonces puedes tomar la determinación de intercambiar la mentira de que nada va a cambiar por la verdad de que en Cristo todo, todo es hecho nuevo.

1. Empieza pidiéndole al Espíritu Santo que traiga a tu mente a aquellas personas contra las que aún albergas falta de perdón.

2. Escribe cada nombre... en la lista podría estar tu nombre, el de tu madre, padre, esposo o hijo, y quizás hasta el de Dios.

3. Comienza la disciplina diaria y obediente del perdón. No esperes hasta sentirlo; solo empieza.

4. Encuentra una piedra pequeña y mantenla cerca.

Señor Jesucristo:
Desde un lugar profundo de tinieblas y desesperación que yo nunca conoceré, clamaste: «Padre, perdónalos porque no saben lo que hacen». Elijo alinear mi corazón con el tuyo. Escojo vivir como tu hija. Elijo la libertad en tu nombre.
Amén.

CAPÍTULO CUATRO

CUBIERTAS POR CRISTO

DE LA VERGÜENZA AL AMOR

Dejadla que cubra esa marca como quiera; siempre la sentirá en su corazón.

—NATHANIEL HAWTHORNE, *LA LETRA ESCARLATA*[1]

Entonces grité: «¡Ay de mí, que estoy perdido! Soy un hombre de labios impuros y vivo en medio de un pueblo de labios blasfemos, ¡y no obstante mis ojos han visto al Rey, al SEÑOR Todopoderoso!» En ese momento voló hacia mí uno de los serafines. Traía en la mano una brasa que, con unas tenazas, había tomado del altar. Con ella me tocó los labios y me dijo: «Mira, esto ha tocado tus labios; tu maldad ha sido borrada, y tu pecado, perdonado».

—ISAÍAS 6.5–7

Nací en una tierra de castillos. Escocia tiene más de tres mil de ellos, el más antiguo pertenece a los siglos once y doce. Cuando estás dentro de una de estas magníficas construcciones, casi puedes sentir la historia, oír las voces y percibir la música celta que se filtra por las piedras que te rodean. ¡Los castillos de Disney no provienen de moldes escoceses! Ellos construyeron sus castillos para la guerra y defender a su pueblo, no para que aparecieran en los cuentos de hadas ni deleitaran a niñitas en pijamas de la Cenicienta.

Aunque algunos castillos se elevan sobre los sitios de antiguas iglesias y abadías, en general los escoceses medievales construían sus castillos con propósitos militares en mente, debido a lo cual los hallarás en algunos de los lugares más imponentes e increíblemente imaginables.

Ya sea asentados en el mismo borde de un precipicio con el océano golpeando las rocas muy por debajo... sobre una isla en la intersección de tres profundos lagos... o en escarpadas laderas cubiertas de nieve... sabios arquitectos y experimentados constructores elegían de manera cuidadosa y estratégica las ubicaciones. El hecho de que tantos castillos sigan en pie hoy día da testimonio de la habilidad de los escoceses que los construyeron.

Sin embargo, no todos nuestros castillos se encuentran en estado glorioso. Al contrario. Algunas ruinas son poco más que esqueletos pedregosos de su antigua gloria. Fue en uno de estos que de niña me instalé como reina y reclamé mi propio trono personal.

El castillo Loch Doon se encuentra a pocos kilómetros de donde aún vive la mayor parte de mi familia. A menudo durante el verano íbamos a visitarlo para pasar días de campo junto con los amigos. Extendíamos nuestras mantas y desempacábamos nuestras canastas afuera de las derruidas murallas de la antigua fortaleza, disfrutando del magnífico paisaje y el sol que se reflejaba en el agua. Una vez instalados todos, yo desaparecía (esos eran tiempos más confiables).

El castillo albergaba un secreto que nadie parecía haber descubierto. Siendo una niña bastante ágil, podía ingresar a la enorme chimenea de una de las antiguas torres que aún permanecían en pie y luego, apoyando la espalda en una pared y los pies en la otra, ascendía lentamente hasta lo alto de la chimenea para después salir arrastrándome sobre el punto más alto de los muros del castillo. Me quedaba allí en lo alto de mi dominio, escuchando las voces de mi familia débiles en la distancia. En un día despejado podía ver una extensión de varios kilómetros a través del agua.

Allí me convertía en alguien diferente. La niña cuyo padre había muerto de manera tan vergonzosa que nadie quería hablar del tema desaparecía, o la chiquilla con ropa usada heredada y un par de buenos zapatos. Allá arriba me convertía en una princesa guerrera escocesa que daría su vida con gusto por su pueblo. Allá arriba todo se volvía posible. Mataría dragones, y cuando algo terrible amenazara atacar el castillo, le caería encima y le asestaría un poderoso golpe.

Entonces oía la voz de mi hermana gritándome desde abajo de la chimenea: «Sheila, es hora de volver a casa. ¡Si mamá te ve allá arriba te verás en un gran problema!». Así que descendía otra vez y de mala gana reingresaba a un mundo que tenía muy poco digno de elogio, un mundo en el que la miseria en toda su vergüenza reinaba en el país.

Pequeña niña extraviada

Muchas niñas sueñan con ser princesas... si no una guerrera, entonces la chica con trenzas doradas que gobierna la nación con bondad. Los corazones de algunas doncellas esperan que su príncipe perfecto venga y las lleve lejos, o imaginan los hermosos vestidos y joyas que usarán.

Sin embargo, los sueños se interrumpen. Como el de Annie.

> *Pequeña niña extraviada.*
> *Creía que nadie la amaba.*
> *Creía que nadie la quería.*
> *Escapó de su castillo.*
> *Fue adoptada por el diablo [...]*
> *Se convirtió en ramera.*
> *Llegó a ser la reina de las mentiras, la Jezabel.*
> *Esa es mi vida.*[2]

Así es como Annie Lobert describe su vida en la campaña *I am Second* [Soy segunda]. Igual que muchas de nosotras, Annie solo quería que alguien la amara. Criada por un padre violento, ella veía su valor a través de los ojos de este hombre, lo que la dejaba sintiendo nostalgia por mucho más.

Annie se entregó en el colegio a un muchacho que le dijo que la amaría por siempre. No obstante, el chico les había hecho la misma promesa a muchas otras que también comenzaron a creer que eran princesas. Le destrozó el corazón a la joven.

Después de graduarse, Annie se fue de casa, sabiendo que nunca volvería. Debió trabajar en tres empleos solo para tratar de entrar a la universidad. Sin embargo, otro mundo comenzó entonces a abrírsele. En las discotecas, vio lo que el dinero podía hacer. Su mejor amiga aceptó la invitación de un hombre para acompañarlo a Hawai una noche. Más tarde la amiga llamó a Annie y le dijo: «Estoy en la playa, buen auto, dinero. Ven y únete a mí». La joven tomó un descanso de sus empleos, voló a Hawai, y esa primera noche ella y su amiga vendieron sus cuerpos a algunos turistas japoneses.

Annie se convirtió en prostituta.

$500 la hora.

$1.000 la hora.

$10.000 la noche.

Un día, el «Príncipe Azul» entró a la discoteca donde Annie estaba bailando y le dijo todo lo que ella quería oír, todo lo que su padre nunca le había dicho. La llamó inteligente, hermosa y encantadora. Le aseguró que se había enamorado de ella. Annie le creyó.

Y así empeoró su pesadilla.

El príncipe se convirtió en su proxeneta. La golpeaba, le rompía las costillas, le quitaba todo el dinero, y la enviaba afuera a ganar más. Todo lo que poseía pasó a ser de él. Finalmente, Annie huyó, pero como ella dice: «Cuando dejas a un proxeneta, te vas sin nada».

Ahora el espejo tenía una grieta fea e irreparable. En los años siguientes, no solo el corazón de Annie estaba destrozado, sino que también su cuerpo la traicionó.

Cáncer.

Quimioterapia.

Calmantes.

Cocaína.

Tinieblas demoníacas.

Entonces una noche, después de aspirar mucha cocaína y haber llegado al momento más bajo de todos, Annie pidió ayuda a gritos. «Jesús, ¡sálvame, por favor!».[3]

Quizás creas que no tienes nada en común con Annie. Su historia parece demasiado extrema, demasiado dura, demasiado sórdida; pero si buscas solo un poco bajo la pintura de iglesia, podrías sorprenderte al descubrir que en realidad hay mucho parecido.

Cuando alguien viola sexualmente a una jovencita, esta deja de soñar.

Cuando el apuesto príncipe te usa y se va tras la siguiente conquista, el vestido se vuelve a convertir en harapos.

Cuando las tiernas palabras se transforman en furia, el espejo se raja de lado a lado y la belleza se marchita.

El pesado abrigo de la vergüenza reemplaza vestidos, espadas y joyas, y todo lo que parece brillante y hermoso se vuelve desgastado, manchado y roto.

Cuando oyes esa palabra (*vergüenza*), ¿qué viene a tu mente? A mí me llegan varias expresiones y frases.

Mala

Desdichada

Condenada

Indigna

Nunca lo suficiente buena

Imperfecta

Fracasada

Rechazada

Sucia

Humillada

Menos que humana

Una equivocación

La vergüenza es una de las herramientas más poderosas del enemigo, porque tal sentimiento tiene mucho sentido para nosotras. En algún nivel, la mayoría de nosotras puede admitir una conciencia leve, pero persistente, de que no damos la talla. La vergüenza entonces no parecería una exageración. La vergüenza y la culpa suelen llegar juntas, pero aunque podamos lidiar con la culpa y controlar sus órdenes de marcha, la vergüenza se niega a irse. Así es como Edward T. Welch lo describe: «La vergüenza domina la vida y es obstinada. Una vez atrincherada en tu corazón y tu mente, es una intrusa que se niega a salir».[4]

La vergüenza es mucho más sutil y penetrante que la culpa.

Imagina que alguien te acusa de un delito que no cometiste y te hace pasar por el vergonzoso proceso de que te arresten, te desnuden, te tomen las huellas, te encarcelen y te humillen. Finalmente logras tener tu día en la corte y oyes las palabras que has anhelado escuchar: «¡Inocente!». El juez hace desaparecer tu culpa. Los funcionarios de la prisión te devuelven tu ropa y tus posesiones, y sales a la luz del día como una mujer libre... pero la vergüenza perdura.

La culpa puede o no ser una realidad, pero la vergüenza se siente como una esencia. Es mucho más grande que lo que hiciste... es quién eres.

La culpa puede o no ser una *realidad*, pero la vergüenza se siente como una *esencia*. Es mucho más grande que lo que hiciste... es quién eres.

Vergüenza contra situación embarazosa

La vergüenza y la culpa me han abrigado
Como una capa de perfume barato
Imposible aislarlo
Pero lo siento en todo lugar

—Anotación en mi diario, 1993

La vergüenza es muy diferente al bochorno. En este momento mi esposo tiene una mancha muy impresionante en la punta de la nariz, la cual en los últimos tres días ha conquistado cada vez más territorio. Cuando Barry se miró en el espejo esta mañana, anunció que se sentía listo para la audición a fin de obtener el papel de cierto reno muy conocido.

Por supuesto, esto lo abochorna un poco, pero él sabe que pasará. El bochorno pasa con el tiempo; la vergüenza no. Podemos burlarnos de Barry con relación a su parecido con el reno Rodolfo, y él reirá. Nadie ríe ante la vergüenza. Es demasiado terrible.

¿Recuerdas a las mujeres que conociste cuando iniciamos este viaje juntas, las mujeres que fueron ministradas? Cuando leí las tarjetas que ellas dejaron ese día al pie de la cruz, una y otra vez escuché acerca de la vergüenza:

- Vergüenza por sentir que algo anda mal conmigo... soy un producto defectuoso.
- Vergüenza por mi infancia... no puedo escribir acerca de ella.
- Vergüenza por un aborto secreto.
- Vergüenza por una aventura amorosa.
- Vergüenza por haber querido suicidarme.
- Vergüenza por mi alcoholismo.
- Vergüenza por incesto.
- Vergüenza por una violación cuando tenía quince años.
- Vergüenza por una violación sexual cuando era niña.
- Vergüenza por lo que hice para causarme un aborto involuntario a las diecisiete semanas.
- Vergüenza por usar la píldora del día después.
- Vergüenza por la infidelidad hacia mí y de parte mía.

Una tarjeta decía de manera escalofriante: «Simplemente sé que para todo el mundo sería mejor que yo no estuviera aquí».

A medida que leía cada tarjeta sentía el peso. ¿Sabes qué quiero decir? Experimentaba el peso que cada una de esas mujeres a las que ministraba llevaba en todo momento de su vida, su propio y pesado secreto que la hundía como un ancla en el fondo del mar.

La vergüenza es el gran aislador. Tiene una voz, un vocabulario y su propia fetidez peculiar. Susurra la burlona amenaza: «Alguien te verá realmente como eres».

Cuando era adolescente, me horrorizaba el timbre del teléfono. Al primer timbrazo mi corazón empezaba a latir más rápido hasta que alguien contestaba. Es evidente que esto no tenía ningún sentido. Cada vez que el teléfono sonaba, mi instinto me decía que estaba a punto de ser descubierta por... alguna cosa. Y sin embargo, nunca había hecho nada *por* lo cual ser descubierta.

¿Por qué entonces reaccionaba de este modo? Vergüenza. Esta me había hecho creer que en cualquier momento podría verme expuesta, sin importar que no hubiera hecho algo significativo como para quedar al descubierto. La razón para esto era mi desesperada sensación de inutilidad absoluta. La vergüenza es una tormenta de arena que te ciega a la verdad. Se siente tan abrumadora e implacable que cierras los ojos, inclinas la cabeza y la dejas bramar.

La vergüenza puede tener dos enfoques. Aquella como la mía proviene de algo que *nos* han hecho. A pesar de no haber hecho algo, creemos que de cierto modo merecemos sentirla, y eso se convierte en nuestro pequeño y sucio secreto. La vergüenza también puede provenir de algo que hayamos hecho, algo que tememos que se llegue a descubrir. Un horrible y poderoso secretito que nos mantiene prisioneras.

Recibí una carta de una mujer que me dio permiso para dar a conocer su historia. La llamaré Rose.

Cuando era niña experimenté un maltrato extremo a manos de mi hermano y mis padres. Mi madre no podía controlar la ira, mi padre era un individuo distante, abusivo desde el punto de vista físico y emocional, y mi hermano abusó sexualmente de mí. A los dieciséis años mi problema con la bebida se había desarrollado bastante. Pasé muchos de los años de adolescente visitando a mi madre en el hospital mental. Para cuando tuve veintidós, mi mamá ya había muerto de cáncer y yo había caído en un estilo de vida que incluía el lesbianismo, el uso excesivo de drogas y alcohol, los intentos de suicidio y las religiones de la Nueva Era.

Fue entonces que creí que debía enderezarme. Había renunciado a Dios. Estaba enojada con él. ¿Por qué tuve que pasar por todo eso? Cuestioné todo lo que leí y lo que me enseñaron con respecto a Dios.

Era maestra de la escuela dominical y me sentía como una hipócrita [...] en privado estaba cayendo bajo el peso de mi propia vida.

Rose expresa muy bien lo que muchas de nosotras hemos sentido: que estamos cayendo bajo el peso de nuestras propias vidas. Cada domingo, mientras se hallaba de pie delante de su clase con notas preparadas de manera cuidadosa, la voz de la vergüenza se burlaba interiormente de ella.

¡Si estas personas supieran quién eres de veras, te echarían de aquí!
¿Qué pasaría si alguien contara tu secreto?
¿Y si alguien te vio?

Cuando leemos la Palabra de Dios a través de los ojos de la vergüenza, podemos reconocer la maravillosa verdad que representan las buenas nuevas de la asombrosa gracia de Dios... pero creemos que esta les pertenece a todos los demás, no a nosotras. El enemigo se esfuerza mucho para hacerme creer que *soy la única* en tales condiciones. ¡Esa es una mentira monstruosa! Retrocede unos párrafos y vuelve a leer algunos de los clamores de los corazones de aquellas mujeres que ministré. Recuerda que no se trata de creyentes nuevas, sino de seguidoras experimentadas de Jesús, a las que Dios les place utilizar; sin embargo, el enemigo las atormenta continuamente con la vergüenza. Por eso es que me siento tan apasionada por exponer al enemigo en todas sus formas malignas, de modo que cada hija del Rey pueda decir la verdad en voz alta y saber que es amada y aceptada exactamente como es. A menos que el Señor regrese o me lleve a casa, mi propósito seguirá siendo pelear y exponer al enemigo con sus mentiras, declarando que el Salvador consideró digno borrar nuestra vergüenza delante de su Padre.

Merecer contra *Ser dignas*

Quizás parte de nuestro problema es que hemos confundido las expresiones *merecer* y *ser dignas*. Pon atención la próxima vez que veas un corte comercial en la televisión. La idea de «merecer» nos la imponen desde toda dirección.

Estoy lanzando un ataque sobre la forma en que usamos esta palabra. Nuestra cultura ha degradado el término con el fin de apelar a nuestra naturaleza más baja; pero por convincente que eso pueda parecer, no tiene poder para borrar la vergüenza.

«¡*Mereces* volver a parecer de veintiún años!».

«Este es el auto que *mereces*».

«¡Todo el mundo *merece* ser feliz!».

Escucho tales cosas una y otra vez, y cada vez que lo hago algo dentro de mí se estremece. Para empezar, eso es claramente ridículo. *No merezco* volver a parecer de veintiún años o andar por ahí con una sonrisa permanente en el rostro. Lo sé. Tales anuncios podrán parecer atractivos, pero instintivamente sabemos que mienten... y sin embargo, desearíamos que fueran ciertos. Prometen patrañas, y a una pequeña parte de nosotras le gustaría creer esas fábulas.

La verdad es muy superior a cualquier cuento de hadas. Si te suscribes a la mentira de que mereces ser feliz, no has hecho nada para contrarrestar las mentiras del enemigo. En un millón de pequeñas maneras él hará mella en el frágil palacio de cristal que has construido en tu mente, estropeando todo lo que has hecho alguna vez y volcándolo sobre la alfombra de bienvenida al mito que has creado. Lo que Cristo ofrece es tratar con la basura de nuestro pasado, presente y futuro. La vergüenza es algo verdadero, pero en la cruz Jesús trata con ella y le da un aviso de desalojo. Cuando el Señor tomó nuestro lugar en la cruz, pagó *toda nuestra deuda*. Así que en el momento en que llegamos a él por fe, nos hace dignas (no merecedoras). Por nosotras mismas nunca podríamos merecer su amor, sino más bien, mientras éramos pecadoras, Cristo murió por nosotras (Romanos 5.8). Solo Jesús puede hacernos dignas.

El enemigo espera que hayas olvidado esta verdad o nunca la hayas entendido en primera instancia. Por lo tanto, comencemos por el momento en que la vergüenza se deslizó dentro de nuestras vidas. Debemos empezar primero con la mala noticia y luego enfrentarla para poder ver las buenas nuevas en todo su esplendor.

EL ASUNTO NO EMPEZÓ DE ESTE MODO

Antes de ver cómo todo salió tan terriblemente mal, debemos darnos cuenta de que no empezamos así. El mismo hecho de que algo muy profundo dentro de nosotras anhele más (que sintamos vergüenza y deseemos ser libres de ella) evidencia que se suponía que las cosas no fueran de este modo. El mundo no comenzó sumido en la vergüenza.

Génesis 3 narra la conocida historia de nuestra caída (si no conoces la historia, lee el tercer capítulo de Génesis, el primer libro de la Biblia).

La mujer [Eva] vio que el fruto del árbol era bueno para comer, y que tenía buen aspecto y era deseable para adquirir sabiduría, así que tomó de su fruto y comió. Luego le dio a su esposo, y también él comió. En ese momento se les abrieron los ojos, y tomaron conciencia de su desnudez. Por eso, para cubrirse entretejieron hojas de higuera. Cuando el día comenzó a refrescar, oyeron el hombre y la mujer que Dios el SEÑOR andaba recorriendo el jardín; entonces corrieron a esconderse entre los árboles, para que Dios no los viera. (Génesis 3.6–8)

La vergüenza hizo su debut en el Edén. Tan pronto como Adán y Eva se sintieron avergonzados y al descubierto, intentaron cubrirse. Sin embargo, sus hojas de higuera no resolvieron el problema. Esa es la forma en que actúa la vergüenza. No importa qué uses para cubrirte, aun así te sentirás expuesta.

¿No sientes esto en tu propia vida? Yo sí.

No me gusta cómo me veo, así que compro ropa nueva. No obstante, aunque esta se vea fabulosa en la tienda, algo se pierde en el momento en que la traigo a casa. *Deben ser las luces del vestidor*, me digo. *Me han engañado de nuevo.*

Finalmente pierdes esos diez kilos que te han acosado durante mucho tiempo. ¡Bien! ¡La razón de que te sintieras tan mal contigo misma ha desaparecido! Sin embargo... te sigues sintiendo mal. ¿Por qué *sucede* eso?

Ella sabía que si lograba casarse, el nuevo nombre y la nueva identidad dejarían la vergüenza en la puerta de la iglesia... pero de alguna manera la vergüenza la siguió a casa.

No importa cuántas capas coloquemos a fin de cubrir nuestra vergüenza, esta subsiste. Llámale una enfermedad del alma.

Adán y Eva supieron al instante que sus acciones pecaminosas habían traído consecuencias funestas. No solo se enfrentaron de lleno con su horrible pecado, sino que poco después descubrieron que la vergüenza no podía vivir en el jardín. El peso de su vergüenza se sintió muy pesado; pero ahora ellos también tendrían que irse. ¡Qué terriblemente triste! En solo un momento pasaron de disfrutarse uno al otro y deleitarse en la santa presencia de Dios a convertirse en exiliados, refugiados sin hogar, desterrados y expulsados del paraíso.

¡Qué dura realidad! Y hoy en día seguimos viéndola en nuestras comunidades cristianas.

Al hijo de una de mis amigas lo expulsaron del colegio por beber en un paseo escolar. El episodio fue como volver a observar todo lo que sucedió en el jardín. Primero el joven trató de ocultarse, luego lo pusieron al descubierto, y finalmente llegó el castigo. Esto me destrozó el corazón. Una cosa es que tu pecado sea expuesto, pero ser separado de tu comunidad añade aun más vergüenza a la pila.

Un pastor tiene una aventura amorosa, la niega, la evidencia la confirma, y cuando finalmente el hombre la admite, la iglesia lo destituye de su lugar de liderazgo y él resulta «expulsado del jardín».

El legado de Adán y Eva se representa una y otra vez, década tras década, siglo tras cruel siglo. ¡Sin embargo, no te desanimes! Servimos a un Dios de esperanza.

Nuestros primeros padres fueron expuestos y rechazados. Así es como se sentían: agachados entre los árboles, temiendo el sonido de los pasos de Dios, que solo un poco antes los había llenado de alegría. Hasta cierto punto, así es como cada una de nosotras siente la vergüenza. El rechazo es parte importante del vocabulario de la vergüenza. Adán y Eva debieron sentir una enorme conmoción. Una vez pertenecieron; ahora eran vagabundos. Apenas podemos imaginar un cambio tan horrible: de la identificación con Dios al castigo con Satanás. Ya no estaban vestidos con la transparente belleza de la inocencia, sino con ásperas pieles de animales... con la sangre quizás aún goteando de las prendas que Dios recién había hecho para ellos.

Sí, ahora estaban cubiertos, pero muy lejos de estar limpios.

Así perdieron su libre acceso al Edén. No obstante, Dios tenía algo más en mente.

ESTAMOS CON ÉL

Christian viajaba conmigo todos los fines de semana hasta que cumplió ocho años. Nuestra amiga Mary iba con nosotros para cuidarlo mientras yo hablaba o cantaba en el escenario.

Un viernes por la noche Christian y Mary se acercaron al auditorio para cenar conmigo, pero Mary había olvidado los pases que les permitían el acceso. Mientras ella intentaba convencer a un guardia de seguridad de que los dejara entrar, Christian me vio caminando hacia el salón verde y gritó: «¡Yo estoy con ella!».

Adán y Eva ya no pudieron hacer eso. No pudieron volver a las puertas del Edén y decir: «¡Estamos con él!».

¡Qué desolación y total soledad debieron sentir nuestros primeros padres! La vergüenza *siempre* trae soledad. Sin embargo, se había hecho cierta provisión para la insensatez de la pareja. Entre cada pelo del traje de piel que Dios les había confeccionado, yacía oculta la esperanza. Esta susurró, aunque muy suavemente:

«No pueden cubrirse ustedes mismos por mucho que se esfuercen».

«Yo los cubriré... la esperanza está en camino».

Según Edward Welch escribiera:

Aquel que usaba la piel estaba cubierto, pero sin duda no se veía atractivo. Solo quedaban dos posibilidades. O estaríamos para siempre cubiertos con pieles de animales muertos, o este era el primer paso hacia un vestuario mejor.[5]

Así la Palabra de Dios lanzó el primer asalto en la guerra celestial contra la vergüenza. Estoy segura de que la serpiente erró el blanco. No creo que Adán y Eva pudieran ver la situación con claridad mientras vagaban cegados por la tormenta de la vergüenza, pero ahora nosotros podemos hacerlo. Cuando Dios derramó sangre para cubrir sus cuerpos, cada gota señalaba el día en que el Cordero de Dios derramaría su propia sangre para cubrir nuestro pecado.

Hasta la venida de Cristo, el Cordero perfecto de Dios, los sacerdotes del Antiguo Testamento se ponían de pie ante la presencia de Dios en favor del pueblo. Una vez más el Señor tomó la iniciativa de vestirlos... ¡pero qué renovación recibieron en sus atuendos! Éxodo 28 ofrece una descripción detallada de las magníficas vestimentas que Aarón debía usar en la presencia de Dios. En cada hombro llevaba una piedra de ónice con los nombres inscritos de las doce tribus de Israel, seis en una piedra y seis en la otra, ambas engastadas en filigrana de oro. En un sentido muy real, Aarón llevaba al pueblo con él para reunirse con Dios.

De este modo, bajo el pacto mosaico, pasamos de estar cubiertos e impuros a estar cubiertos y consagrados; porque en el momento en que Aarón aparecía delante de la presencia de Dios, el pueblo era santificado (al menos temporalmente).

A veces la verdad de cómo Dios trataría en última instancia con nuestra vergüenza está velada en el Antiguo Testamento, pero hay momentos en que es como si el Señor calmara la tormenta el tiempo suficiente para que obtengamos una visión clara de lo que viene. Uno de tales momentos es cuando Moisés recibió instrucciones muy claras con relación a los aceites y el incienso que debían quemarse delante del Señor. Éxodo 30 detalla los elementos específicos. Ellos debían reservar un elemento especial únicamente para el Señor.

De aquí en adelante, éste será mi aceite de la unción sagrada. No lo derramen sobre el cuerpo de cualquier hombre, ni preparen otro aceite con la misma fórmula. Es un aceite sagrado, y así deberán considerarlo. Cualquiera que haga un perfume como éste, y cualquiera que unja con él a alguien que no sea sacerdote, será eliminado de su pueblo. (vv. 31–33)

¿Puedes imaginar los componentes de este aceite sagrado?

Toma una misma cantidad de resina, ámbar, gálbano e incienso puro, y mezcla todo esto para hacer un *incienso aromático*. (vv. 34–35, cursivas añadidas)

De generación en generación, los israelitas podían ofrecerle este aceite especial a Dios y nadie más, otra señal de que la esperanza estaba en camino.

Ahora avancemos aprisa a través de los siglos hasta encontrarnos con un bebé nacido en Belén. Unos reyes magos de oriente habían venido a visitar a este niño, anunciado por una estrella que señalaba el nacimiento de un Rey judío. Le ofrecieron al niño como regalos oro, incienso y mirra. ¿Ves la belleza aquí? Cada regalo hablaba de la identidad de Cristo. El oro era digno de un rey, la mirra presagiaba la muerte y la sepultura de Jesús, pero el regalo del incienso gritaba: «¡Para Dios únicamente!». Este era el Mesías, Dios con nosotros.

¡Dios está aquí!

¡Dios está con nosotros!

¡Ya no necesitamos un sacerdote que interceda por nosotros!

¡Jesús está aquí con el propósito de acabar para siempre con nuestra vergüenza!

Respira la dulce fragancia característica de la presencia de Jesús... ¡es como ninguna otra!

Por Annie, Rose y toda mujer con suficiente valor para plasmar su vergüenza en una tarjeta de diez centímetros por quince, y por ti y por mí, Cristo vino a fin de llevar sobre sí mismo nuestra vergüenza... de modo que podamos ser libres.

La gran vergüenza

Cualquiera sea el tipo de vergüenza que hayas experimentado, no está al mismo nivel de lo que Cristo enfrentó en la cruz. Nosotras avanzamos tropezando hacia la vergüenza; Cristo caminó derecho hacia el ojo de la tormenta y enfrentó la fuerza total de su ráfaga infernal. El intercambio comenzó con una oración desgarradora.

> Yendo un poco más allá, se postró sobre su rostro y oró: «Padre mío, si es posible, no me hagas beber este trago amargo. Pero no sea lo que yo quiero, sino lo que quieres tú». (Mateo 26.39)

¿Cómo podemos empezar siquiera a entender lo que Cristo debió enfrentar? Durante sus tres años de ministerio terrenal, la presencia de su Padre lo sustentó continuamente. Piensa en las muchas veces en que Jesús se alejó de la multitud para orar. En ocasiones pasó toda la noche en el monte con su Padre.

Ahora todo eso estaba a punto de cambiar. Jesús necesitaba una fortaleza especial para atravesar esta desesperante oscuridad, porque él sabía que estaba a punto de tomar la copa de la ira de Dios y beberla hasta lo último. Debido a que toda la vergüenza y la culpa del mundo a través de los siglos sangrientos se amontonarían sobre Cristo, su Padre se apartaría de él.

En aquellos momentos terribles e incomprensibles, Cristo se hallaría absoluta y totalmente *solo*.

Por tanto, oró pidiendo fortaleza. ¡Por supuesto que lo hizo! Estoy muy agradecida con Lucas, un médico, por incluir el siguiente versículo en su evangelio. Solo él lo registró:

> Entonces se le apareció un ángel del cielo para fortalecerlo. (Lucas 22.43)

Cristo entró al lugar llamado Getsemaní, luchando con las tinieblas del mundo, y horas después salió con el rostro vuelto hacia la cruz y listo para hacer la voluntad de su Padre. Por el bien de nosotros, y a fin de que pudiéramos conocer el verdadero amor redentor, aquel que nunca conoció la vergüenza estaba a punto de *convertirse en* vergüenza (en la mismísima definición de la vergüenza).

Oh, sagrada Cabeza, ahora herida, agobiada por el dolor y la
vergüenza,
Ahora con desprecio tu única corona rodeada de espinas;
Cuán pálido estás por la angustia, ¡con heridas de maltrato y ultra-
je!
¡Cómo languidece tu semblante que una vez brilló como el amane-
cer!
Lo que tú mi Señor has padecido fue por el bien del pecador.
Mía, mía fue la transgresión, pero tuyo el dolor mortal.
Mira, aquí donde he caído, ¡mi Salvador! Este es el lugar que
merezco;
Mírame con tu favor y concédeme tu preciosa gracia.
¿Qué lenguaje debo pedir prestado para agradecerte, mi más pre-
ciado Amigo,
Por esta tu agonizante pena, por esta tu misericordia eterna?
¡Oh, hazme tuyo por siempre! Y yo desfallecer podría,
Señor, nunca, ¡nunca permitas que mi amor por ti se esfume!

—Bernardo de Clairvaux

Ya amanece

Annie estaba postrada en el suelo, desesperada y moribunda, con una oración quejumbrosa en los labios: «Jesús, ¡sálvame, por favor! No sé si eres real, ¡pero no quiero morir!».

Mientras yacía allí, una paz que nunca antes había experimentado la inundó. Al instante supo que Dios era real. Y sin embargo, temía ir a la iglesia. ¿Aceptarían y amarían las personas en la iglesia a una antigua prostituta?

Lo hicieron. Cuando Annie se enfocó en la Palabra de Dios, comenzó a oír que le decían nuevas palabras.

Amada
Redimida
Elegida
Hermosa
Apartada
Realizada
Sanada
Pura

Un día, mientras Annie limpiaba, Dios le habló y la dirigió a regresar a los bares en Vegas Strip y decirles a las chicas aún en esclavitud que también eran amadas. Y esa es la vida de Annie en la actualidad: ya redimida y liberada, la que había estado en vergüenza les lleva ahora a otras el amor de Cristo.[6] Me encanta esta mujer. Estoy profundamente agradecida de poder llamarla hermana. Las sendas que Annie y yo seguíamos antes podrán parecer diferentes, aunque en realidad somos dos mujeres que estábamos ciegas y diezmadas por la vergüenza, ¡pero fuimos redimidas por Cristo!

¿Y tú? Ya dije antes que si buscamos un poco bajo la pintura de la iglesia, muchas de nosotras las «chicas buenas» no nos veríamos muy diferentes a Annie. Quizás hemos buscado amor y aceptación en lugares diferentes, pero cuando permitimos que nuestra vergüenza nos domine en las tinieblas, todas nos hallamos en cadenas, cegadas por las mentiras del enemigo. La vergüenza es una sensación profundamente penetrante porque tiene sentido para nosotras; forma parte del ADN de nuestras vidas caídas. ¡Es por eso que debemos luchar duro, chicas, pues se trata de una tormenta feroz! Tenemos que negarnos intencionalmente a permitir que el enemigo saque de la basura esas vestiduras viles y vuelva a cubrir con ellas nuestra vida. ¡Estamos cubiertas por Cristo!

Ahora elijo apartarme de lo que conozco muy bien
Rechazo esta semilla de vergüenza y todas las mentiras que expresa
Estoy redimida y soy digna por causa de Cristo el Cordero
Me levanto como una hija del gran Yo Soy

PERMANECE FIRME EN MEDIO DE TU TORMENTA

En *Shame Interrupted* [Vergüenza interrumpida], Edward Welch ofrece algunos pasos útiles para avanzar, los que intentaré comentar. Él nos brinda siete pasos detallados:

1. Pon tu vergüenza en palabras.

2. Vuélvete a tu Salvador

3. Conócelo.

4. Asóciate con él.

5. Déjate lavar los pies.

6. Persevera, alístate para pelear.

7. Vuélvete hacia otros con amor.

1. *Pon tu vergüenza en palabras.* ¡Difícil, lo sé! Sin embargo, el enemigo gobierna en la tierra de las sombras, donde viven los secretos. Aleja ese poder de él. Escríbelo todo. Si tienes una amiga o consejera en quien confías, habla con ella.

2. *Vuélvete a tu Salvador.* La palabra *vuélvete* es enorme para mí este año. Volverse puede cambiarlo todo. Cuando tenía veintitantos años, conduje hasta el punto más al sur de Inglaterra, el final de la nación. Al estar allí de espaldas a la tierra, en el borde de un acantilado, solo podía ver una pendiente y después el océano. Cuando me volví, la escena cambió y de repente toda Inglaterra se extendió delante de mí. ¡Dónde me hallaba era importante! Aquí sucede lo mismo. Podemos estar dándole la espalda a Cristo, mirando nuestra vergüenza, o podemos volvernos hacia aquel que nos ama.

3. *Conócelo.* Pasa tiempo con él. Solía creer que el antídoto para la vergüenza era la gracia. Ya no. Ahora para mí el antídoto es el amor. Mientras más entiendo el amor que Cristo me tiene, menos espacio hay en mi vida para la vergüenza.

4. *Asóciate con él.* A mi corazón le gusta clamar muchas veces cada día: «¡Estoy con él!». Cuando me siento condenada o rechazada, cuando alguien dice algo que me lacera el corazón, me permito sentir el dolor. Sin embargo, al instante recuerdo con quién estoy. Me tomo un tiempo para captar la fragancia de la cercanía de Cristo. Ya que estoy con Jesús, tengo un pase de acceso al trono de gracia y misericordia.

5. *Deja que te laven los pies.* Las personas no tenían más alternativa que lavarse los pies en la época de Cristo. Todo el mundo usaba sandalias y recogía el polvo y la mugre del camino. En un sentido espiritual, eso también es cierto para nosotros hoy en día. Ya que vivimos en un planeta caído, el solo hecho de movilizarnos en nuestra vida cotidiana hace que recojamos un poco de la suciedad. Acude con regularidad a Jesús y sé limpia. No permitas que la suciedad se acumule.

6. *Persevera, alístate para pelear.* En primer lugar, tendrás que luchar contra ti misma. ¡Es muy fácil deslizarse hacia maneras

de pensar basadas en la vergüenza! Así que batalla por lo que eres en Cristo. Otros que aún lidian con la vergüenza tratarán de hacerte retroceder, pero no les hagas caso. No permitas que te lancen lodo, pues eres hija del Rey, y eso significa que eres libre. Sí, tenemos un enemigo verdadero, pero sus días para avergonzar están contados. Él es un mentiroso y padre de toda mentira dicha en esta tierra. Debes usar la Palabra de Dios como tu arma secreta contra él. El diablo no puede soportar mucho tiempo cuando la esgrimes en su cara. *Tiene* que huir.

7. *Vuélvete hacia otros con amor.* Nadie puede quitarte tu identidad como hija del Rey. Elige el amor sobre el odio, la vida sobre la muerte. Ya no tienes que esconderte. Cuando estés cansada (¡y lo estarás!), vuelve a leer los relatos de los Evangelios y recuerda lo que Cristo soportó para que puedas vivir con tu cabeza en alto.

Me gusta meditar en este versículo:

Él anuló esa deuda que nos era adversa, clavándola en la cruz. Desarmó a los poderes y a las potestades, y por medio de Cristo los humilló en público al exhibirlos en su desfile triunfal. (Colosenses 2.14–15)

Eres amada, hermosa, valorada y una hija del Dios vivo. Dilo una y otra vez hasta que te encuentres sonriendo porque comienzas a comprender... ¡*es verdad!*

Señor Jesús:

Tu amor está más allá de mi comprensión, pero creo que es cierto. Ahora mismo te ofrezco mi vergüenza, los trapos sucios de mi pasado. Decido salir de esta tormenta de condenación y entrar en tu paz. Gracias por amarme y hacerme digna.

En tu grandioso nombre, amén.

CAPÍTULO CINCO

Una tormenta silenciosa

Del lamento al descanso

El dedo en movimiento escribe; y después de escribir sigue adelante:
ni toda tu piedad ni todo tu ingenio lo harán retroceder para
cancelar media línea, ni todas tus lágrimas le podrán arruinar una
palabra.

—Omar Khayyam, *Rubaiyat de Omar Khayyam*

Yo sé muy bien los planes que tengo para ustedes —afirma
el Señor—, planes de bienestar y no de calamidad, a fin de darles
un futuro y una esperanza.

—Jeremías 29.11

Nunca había pensado en mi madre como aficionada a los tiburones, pero es evidente que esta dinámica figura materna de un metro cincuenta y cinco de estatura aún guardaba algunos misterios bajo la manga.

—Se estrena el viernes —anunció mamá con entusiasmo generalmente reservado para un lanzamiento del Trío Bill Gaither.

Ella ya tenía un plan en mente.

—Si vienes a casa directo del colegio podemos ver la presentación de las cinco.

La verdad es que no me había convencido.

—Mamá —repliqué—, ¡esta película trata de un tiburón gigantesco que se come a las personas! Vivimos cerca del océano... verla quizás no sea lo más sensato.

—Solo es una película, Sheila —respondió mamá—. Pero si no quieres ir, está bien.

—No... no, puedo hacerlo —repliqué con un suspiro.

Tiburón, el resonado éxito de Steven Spielberg en 1975, acababa de estrenarse en Londres con excelentes críticas y había comenzado a nadar amenazadoramente hacia los teatros escoceses de todas partes. Los rumores corrían desenfrenados.

¡Repugnantes partes corporales ensangrentadas contaminan la playa!

¡Nadadores arrastrados debajo del agua desaparecen y no se les vuelve a ver!

¡Miembros de la audiencia caen desmayados gritando de terror!

Yo lo creía todo.

La película también era el tema principal de conversación en mi colegio. Que tuvieras el derecho de seguir viviendo en el planeta parecía depender de si querías ver *Tiburón* la semana de estreno. Traté de no dejar que mi temor fuera evidente.

—*Definitivamente*, voy a ir —declaré desde el otro lado de la mesa de comedor—. Me pondré temprano en la fila para conseguir el mejor asiento posible.

Me arrastré a casa tímidamente desde el colegio el viernes y me cambié el uniforme por unos pantalones de mezclilla y un suéter. Consideré la posibilidad de usar un cuello de tortuga para poder colocármelo sobre la cabeza al finalizar los cortos, pero la idea de que alguno de los muchachos alborotadores del colegio me viera resultó bastante disuasoria.

Una hora antes de la función, una enorme multitud ya se había reunido fuera del teatro. Me puse en la fila con mamá a un lado y mi hermana Frances al otro.

—¿Estás emocionada? ¡Yo lo estoy! —exclamó Frances con desagradable confianza.

—Bueno, por supuesto que estoy emocionada —contesté, sorprendiéndome por mi voz más alta de lo acostumbrado, pero con un temblor peculiar—. No obstante, si tienes pesadillas, que es una verdadera posibilidad, no me culpes.

Frances puso los ojos en blanco.

El corazón me latía con fuerza en el pecho. No me gustan las películas donde algo salta de repente sobre mí, en particular si luego procede a comerme. Agrégale a eso el horror de estar nadando en el agua justo antes de que me coman, y pronto sería necesario que comenzara a respirar dentro de una bolsa de papel reciclado.

La fila para comprar los boletos se movía demasiado rápido. Cuatro muchachos adolescentes frente a nosotras pasaban el tiempo imitando a tiburones defectuosos. Entonces llegó nuestro turno. Di un paso adelante.

—Tres boletos para *Escape de la montaña embrujada*, por favor —indiqué antes de que mamá o mi hermana pudieran decir una palabra.

—¡¿Qué?! —exclamaron ambas.

Podía oír el disgusto de mi hermana a un kilómetro de distancia. Mi impetuosa decisión molestó a Frances, desilusionó a mamá y me avergonzó.

(También debo admitir que fue una película asombrosamente mala. El promedio de edad de las únicas otras personas en el teatro parecía ser de diez años. Al instante lamenté mi decisión.)

¡Soy una miedosa!

Soy una persona cobarde y asustada.

¿Qué iría a decir en el colegio? Temí agregar algo a los inevitables diálogos entre mis compañeros, a no ser que exclamara: «¿Podrían creer que cuando ese tipo aún estaba vivo el tiburón lo vomitó?».

Mis opciones parecían claras. Podía ver la película antes del lunes o cambiarme de colegio.

Todos los sábados por la noche mi mejor amiga, Andree, y yo íbamos al grupo de jóvenes. La encontré fuera de la iglesia a la noche siguiente y la puse al día.

—Andree, tenemos que ir a ver *Tiburón*. No quiero hacerlo, pero tengo que ir o nunca podré volver a andar con la cabeza en alto en la Academia Mainholm.

¡La película fue *fabulosa*! Grité un par de veces y lancé un gran cubo de palomitas de maíz sobre el tipo que estaba frente a mí, pero aparte de eso, todo resultó muy bien. Me sentí orgullosa de mí misma. Me despedí de Andree, me disculpé brevemente con Dios por no haber asistido al grupo de jóvenes, y me fui a casa.

—¿Sabes qué? —le dije a mi hermana, a quien hallé acurrucada en su sillón favorito junto a la chimenea; mamá estaba cerca, planchando un poco de ropa—. ¡Acabo de ver *Tiburón* y es *fabulosa*!

Basta decir que mi anuncio obtuvo una recepción algo fría.

Palabra pequeña, gran impacto

Lamentarse es una palabra pequeña. Podría describir la emoción de alguien con respecto a una decisión tan trivial como retractarse de ver una película, o tan insustancial como decidir teñirse el cabello en casa.

No obstante, a veces lamentarte puede llegar a consumirte la vida.

- Lamentas la elección de tu universidad, convencida de que la vida habría resultado mejor si hubieras asistido a un instituto diferente o escogido otra especialidad.
- Lamentas la elección de tu esposo y fantaseas sobre cómo pudo haber sido la vida si te hubieras casado con ese tipo apuesto que se acaba de unir a tu iglesia.
- Lamentas tu decisión de esperar hasta que tu carrera se estableciera bien antes de tratar de tener hijos.

Cuando una decisión tiene consecuencias importantes, lamentarte puede salirse de control y atormentar el alma. A menudo puedes quedar atrapada en un mundo de interminables «¿Y si?».

¿Y si hubiera aceptado el seguro de inundación? Era una cantidad relativamente pequeña. ¿Cómo rayos nos recuperaremos de este desastre?

¿Y si me hubiera ofrecido a conducir a casa? Yo sabía que mi esposo se había bebido un par de copas de vino. El accidente nunca habría ocurrido. Algunas vidas no habrían cambiado para siempre.

¿Y si me hubiera negado a realizarme ese aborto? Sé que por esa razón no puedo tener hijos. Dios está castigándome.

¿Y si hubiera dicho no esa primera vez que él me invitó a tomar un café? ¡La aventura me costó todo! Tiré mi vida por un hombre que demostró no valer nada.

Lamentarnos por algo nos castiga sin presentarnos un final o sin esperanza a la vista. La Biblia declara que la clase de «tristeza del mundo» termina en «muerte» (2 Corintios 7.10). Lo que Pablo está diciendo en este texto es que lamentarnos de manera piadosa nos lleva a volvernos y alejarnos del pecado y experimentar un arrepentimiento, pero que la tristeza del mundo se presenta cuando sentimos que hemos perdido la aprobación de ese mundo que nos rodea y entonces sacrificamos cualquier cosa, incluso nuestras vidas espirituales, para recuperar su favor. Lamentarnos por algo es un tornado que puede levantarnos y dejarnos caer al pie de la cruz o al otro lado del mundo.

¿Puedes identificar tus propias lamentaciones? Quizás no parezcan tan graves como las ya enumeradas, pero puedes sentir como si te estuvieran hundiendo. Fallar en tratar con la lamentación puede arruinarnos eficazmente la vida.

Conocí a una mujer que descubrió un gigante dormido después de tomar su primera bebida alcohólica. Decidió empezar a beber luego de que su esposo la abandonara. Ella admitió ante mí que se había convertido en alcohólica. La vida de esta mujer una vez exitosa se ha descontrolado. Lamenta haberse tomado esa primera bebida.

¿Por qué lo hice? Mi vida ya estaba hecha un gran lío. ¿Por qué?

La cruda verdad acerca de algunas de nuestras decisiones es que no podemos cambiar los resultados. No podemos volver a lo que éramos antes de ese momento. Hicimos una elección, y esa decisión única afectó lo demás en nuestra vida.

Se trata de una puerta que se nos cierra en las narices.

Es como si las luces se apagaran mientras te encuentras sola en medio de la oscuridad.

Es un callejón sin salida.

Las emociones de lamento pueden sentirse tan revueltas y mezcladas como si un tornado te hubiera asolado el corazón.

Ira

Temor

Vergüenza

Culpa

Dolor

Nostalgia

Tristeza

Amargura

Muerte en el alma

Cuando Barry y yo nos mudamos a Dallas, Texas, compramos una casa en una región que consideramos ideal para nuestro hijo, de siete años de edad en ese entonces. Teníamos muchos vecinos con hijos chicos. Por los avisos de «Se vende» que surgían a nuestro alrededor, a los pocos meses fue evidente que nuestro vecindario no era el lugar idílico que habíamos imaginado. Los conductores adolescentes del colegio cercano organizaban carreras de autos constantemente por nuestra calle. Pusimos carteles para tratar de frenarlos, pero nada cambió. Después de un accidente en el que dos muchachos que contendían entre sí casi tumban a Christian de su bicicleta al pasar por nuestra casa, le dije a Barry que debíamos mudarnos. El mercado de viviendas favorecía a los vendedores (¿recuerdas esa época?), así que pusimos en venta nuestra casa. Rápidamente dos parejas expresaron gran interés, y en el mismo tiempo encontramos una casa en el barrio al que queríamos mudarnos. Conocimos a alguien dispuesto a cerrar la venta de inmediato y no quisimos dejar escapar la oportunidad (estoy segura de que puedes ver a dónde va a parar esto).

Así que hicimos una oferta por la casa que queríamos, la cual los vendedores aceptaron. Sin embargo, antes de que la tinta de nuestras firmas se hubiera secado, el mercado inmobiliario se vino abajo y, así de rápido, nadie quiso nuestra antigua vivienda. Durante cuatro años tuvimos dos casas... una pesadilla económica.

No puedo decirte cuántos días y noches lamenté esa apresurada decisión. Resulta evidente que esta no clasifica dentro del tipo de malas decisiones que destruyen matrimonios o lesionan a seres queridos, pero afectó gravemente nuestras vidas. Me arrepentí de esa decisión por mucho tiempo. Oré y le pedí a Dios que nos perdonara por actuar de manera tan irresponsable en cuanto a lo financiero, y supe que él lo hizo; sin embargo, tuvimos que vivir con las consecuencias.

En *David Copperfield*, mi obra favorita de Charles Dickens, leemos: «Fue una larga y triste noche que se cernía sobre mí, atormentado por los fantasmas de muchas esperanzas, muchos recuerdos queridos, muchos errores, muchos sufrimientos inútiles...».

Así es como se siente el remordimiento... como una larga y triste noche sin señales de amanecer en el horizonte. Ya sea que lamentemos algo que hayamos hecho, algo que otros nos hayan hecho, o algo que debimos haber hecho pero no hicimos, el remordimiento tiene una manera de captar la atención sobre el escenario humano. El mismo tiende a caer en cuatro categorías generales.

- Nos lamentamos por cosas que hemos hecho.
- Nos lamentamos por cosas que no hemos hecho.
- Nos lamentamos por cosas que otros nos han hecho.
- Nos lamentamos por cosas que otros no hicieron.

Sin duda existen otras clases de lamentaciones, pero casi no tienden a consumirnos con tanta ferocidad como estas cuatro. Por ejemplo, nuestras compañías de seguros les llaman a los desastres naturales «actos de Dios». Si un tornado arrasa la ciudad y destruye tu casa, la tragedia te devasta. Sin embargo, no sientes el mismo peso de remordimiento... pues, ¿qué pudiste haber hecho? Podrás sentir ira, tristeza o incluso depresión, pero casi nunca remordimiento.

O quizás podríamos ver crecer a nuestros hijos y sentir dolor por lo rápido que parecen estar convirtiéndose en jóvenes. No obstante, a menos que hayamos hecho realmente malas decisiones en cuanto a su crianza, no se trata tanto de remordimiento, sino más bien lo inevitable de la vida. El otro día encontré un par de los primeros zapatos de bebé que compramos para Christian. Los coloqué junto a las dos canoas que actualmente requieren sus pies y pensé en lo mucho que extraño esos días en que él arrastraba su pequeño dinosaurio por toda la casa. ¿Un momento conmovedor? Con seguridad. Sin embargo, no de lamentación. Únicamente me golpeó una fuerte dosis de nostalgia unida al amor de madre.

No obstante, la verdadera lamentación puede alterar el paisaje de nuestras vidas y relaciones.

Así como el más feroz tornado puede erradicar lo que una vez fue nuestro, la lamentación puede amenazarnos con la mentira de que nuestras vidas se han arruinado de manera irrevocable.

Lamentación por lo que hemos hecho

Este es un gran problema para nosotras como mujeres. Se vuelve particularmente difícil si hemos hecho algo que en lo más profundo de nuestro ser reconocemos que está mal. Y como cristianas, la culpa se puede pronunciar aun más.

Una joven mujer que tuvo una aventura amorosa en su primer año de matrimonio me escribió: «¿Cómo voy a perdonarme? Yo sabía que eso estaba mal y sin embargo lo hice. Sabía que la Biblia afirma que Dios no nos dará más de lo que podamos soportar, sino que siempre nos provee una salida. Yo sabía eso. Lo sentía, pero de todos modos lo hice. ¿Cómo puede haber perdón para algo así?».

Otra joven escribió: «Mi esposo quiere intensamente ser padre, pero no me considero lista. Así que cuando quedé embarazada no se lo dije. Tuve un aborto y nunca se lo conté. Aunque Dios me perdonara, mi esposo nunca lo haría. Siento como si me estuviera muriendo por dentro».

Situaciones como estas prácticamente invitan a que el enemigo nos atormente.

¿Te llamas a ti misma cristiana? ¡Eres una hipócrita!
Traicionaste a quienes te amaban. ¿Qué clase de mujer eres?
Si alguien averiguara lo que hiciste, estarías acabada... ¡sería tu ruina!

¿Te han atormentado pensamientos como estos? ¿Sientes remordimiento por algo que has hecho, pero no ves una salida? Permíteme recordarte lo que la Palabra de Dios dice acerca de nuestro pecado.

Vengan, pongamos las cosas en claro
—dice el SEÑOR—.
¿Son sus pecados como escarlata?
¡Quedarán blancos como la nieve!
¿Son rojos como la púrpura?
¡Quedarán como la lana! (Isaías 1.18)

¿Recuerdas lo que los romanos le hicieron a Jesús antes de que muriera para pagar por nuestro pecado?

Los soldados del gobernador llevaron a Jesús al palacio y reunieron a toda la tropa alrededor de él. Le quitaron la ropa y le pusieron un manto de color escarlata. (Mateo 27.27–28)

Aquellos soldados romanos vistieron de rojo, un símbolo de nuestro pecado, al Cordero de Dios puro y sin mancha, mientras él preparaba el camino para que fuéramos blancos como la nieve. Me asombra que Dios organizara toda faceta imaginable de nuestra redención, incluso hasta el simbolismo involucrado.

Vemos el color rojo entrelazado en toda la Biblia. Puedes rastrear las gotas de sangre en el Edén hasta los dinteles en Egipto pintados con la sangre de los corderos de Pascua. Observa luego que este hilo escarlata hace una inesperada parada en Jericó. ¿Recuerdas?

El color rojo cambió la vida de Rahab, una prostituta. Puedes encontrar su dramática historia en Josué 2.

Cuando los israelitas cruzaron el río Jordán para entrar en Canaán, se toparon con un gran problema. La ciudad fortificada de Jericó con su intimidante tamaño bloqueaba el acceso al centro de la tierra prometida. Las enormes fortificaciones de la ciudad hacían imposible asaltarla, y los israelitas no estaban listos ni preparados para un largo sitio. No solo eso, sino que un asedio prolongado les daría tiempo a los cananeos para unirse y vencerlos. Así que Josué envió dos espías para que le dieran un vistazo a la ciudad.

Los hombres necesitaron un lugar para esconderse. Sin embargo, ¿dónde ocultarse? De todas las personas, fue precisamente Rahab la prostituta quien les dio albergue. La Biblia nos cuenta que ellos «se hospedaron» en la casa de esta mujer (Josué 2.1). ¿Perdón? ¿Pasaron allí toda la noche? ¿En casa de una prostituta pagana? ¡Solo intenta que *eso* sea aceptado por la junta misionera de la iglesia!

La Biblia nos narra un montón de historias escandalosas como esta. No obstante, en cada una, si ahondamos un poco más, nos encontramos cara a cara con el impresionante, desmesurado y a veces ofensivo amor de Dios. Las historias no resaltan la depravación de las personas, sino más bien magnifican la grandeza y la bondad del Señor. Esa es exactamente la historia de Rahab.

No sabemos por qué o cuándo ella se convirtió en prostituta, pero para cuando la conocemos, desea cambiar de vida. Encuentro fascinante que Rahab pase del arrepentimiento a la acción, y que esa acción lleve al descanso... no solo para ella y su familia, sino también para las generaciones futuras. (¡Rahab es una de las únicas cuatro mujeres mencionadas en la genealogía de Cristo!)

Cuando los guardias del rey llegaron a la puerta de Rahab para preguntar por los espías, vemos a la mujer en la encrucijada más importante de su vida. Si entrega a los hombres, obtiene una recompensa. Si los protege, no tiene razón para creer que estos harán algo por ella. ¿Por qué lo harían? Sin embargo, Rahab en realidad da un paso de fe de un pasado de lamentaciones hacia la promesa de un futuro anhelado, por lo que protege a los espías. Lo único que les pide es que cuando la ciudad sea destruida, la salven a ella y su familia.

Los espías le dieron a Rahab solo una instrucción pequeña, pero crucial: «Quedaremos libres del juramento que te hemos hecho si, cuando conquistemos la tierra, no vemos este cordón rojo atado a la ventana por la que nos bajas» (vv. 17–18).

Poco después, cuando los muros de la ciudad cayeron y los israelitas irrumpieron en Jericó, solo una familia sobrevivió: la de Rahab. Permaneció viva gracias a un cordón rojo que colgaba de una ventana. No sabemos nada acerca de las vidas de los familiares de Rahab o qué clase de personas eran, ya que no importa. Lo que los salvó, y lo que nos salva a ti y a mí, fue el cordón rojo, la sangre sobre el dintel: la sangre derramada de Cristo. ¡Cuelga ese cordón rojo de la ventana de tu alma y no permitas que el remordimiento por lo que has hecho te robe el gozo de quién eres!

En su carta a los Colosenses, Pablo escribió uno de mis pasajes favoritos, el cual expresa el carácter definitivo de Cristo al tratar con nuestros pecados en la cruz.

> Ustedes estaban muertos en sus pecados. Sin embargo, Dios nos dio vida en unión con Cristo, al perdonarnos todos los pecados y anular la deuda que teníamos pendiente por los requisitos de la ley. Él anuló esa deuda que nos era adversa, clavándola en la cruz. Desarmó a los poderes y a las potestades, y por medio de Cristo los humilló en público al exhibirlos en su desfile triunfal. (Colosenses 2.13–15)

¡Cristo anuló nuestra deuda de pecado! Todos tenemos una cuenta que no podemos pagar. Solo Jesús tiene los recursos para perdonar esta deuda. Cuando Pablo escribió que Cristo *anuló* nuestra deuda, tenía en mente una imagen distinta a la que normalmente viene a nuestra mente. Los escritores en la época del apóstol escribían ya sea en pergamino o papiro, ambos materiales costosos. La tinta en ese entonces no contenía ácido, que es lo que hace que la tinta penetre al instante en el papel. Así que lo escrito se podía borrar del pergamino o el papiro (antes de que la tinta se secara) simplemente limpiando el papel. Esa es la imagen que Pablo tenía en mente. Cuando confesamos nuestros pecados, Cristo limpia nuestras pizarras. ¡No quedan ni siquiera las huellas de las palabras!

No obstante, aunque Cristo haya tratado con nuestro pecado, aún tenemos que sufrir las consecuencias de nuestras decisiones. La joven que tuvo el romance puede confesar su pecado, pero no tiene control sobre cómo reaccionará su esposo. Sin embargo, guardar el secreto la está enfermando. Por lo tanto, le aconsejé que encontrara a una consejera realmente confiable a quien confesarle su pecado, alguien que la amara y participara con ella de la gracia y la misericordia de Dios, acompañándola en su peregrinaje.

Confiésense unos a otros sus pecados, y oren unos por otros, para que sean sanados. (Santiago 5.16)

La tristeza que proviene de Dios produce el arrepentimiento que lleva a la salvación, de la cual no hay que arrepentirse [lamentarse], mientras que la tristeza del mundo produce la muerte. (2 Corintios 7.10)

La enfermedad peculiar de la lamentación requiere oración. Podríamos sentirnos desesperadamente desilusionadas al tener que enfrentar nuestro pecado, pero Jesús vino para permitirnos hacer precisamente eso. *Sin embargo, él no solo que nos deja allí.*

Nos da las fuerzas para enfrentar nuestro pecado a fin de poder dirigirnos otra vez por el camino de la vida. Solo en esa senda hallaremos el descanso que buscamos:

Así dice el Señor:
«Deténganse en los caminos y miren;

pregunten por los senderos antiguos.

Pregunten por el buen camino,

y no se aparten de él.

Así hallarán el descanso anhelado». (Jeremías 6.16)

Lamentación por lo que no hicimos

Una de las historias más tristes que he visto en las noticias hablaba de un incendio fatal que comenzó cuando una mujer dejó algo en el horno. Logró sacar a dos de sus hijos, pero el menor murió en medio de las llamas. Me vi sollozando a su lado mientras ella gritaba: «¿Por qué no revisé el horno?». Era muy doloroso observar el sufrimiento de esta angustiada madre. No solo había perdido un hijo, sino que se culpaba por la tragedia.

¡Un abrumador remordimiento!

Harvard Newsletter narró una vez una historia de un hombre en Liverpool, Inglaterra, que siempre elegía la misma serie de números de lotería. Una vez olvidó renovar su boleto y «sus» números acertaron. Este pobre tipo sintió tal autorecriminación y remordimiento, que terminó suicidándose. Estar mentalmente «así de cerca» de una vida de riquezas y no obtenerla debido a lo que no hizo fue más de lo que el individuo pudo soportar.

¿Te has visto alguna vez en esa situación? Repasas los acontecimientos en tu cabeza y piensas...

Si tan solo hubiera hecho eso, las cosas serían diferentes.

Si tan solo hubiera salido de la casa diez minutos más tarde.

Si tan solo le hubiera dejado llevar mi auto, él no se habría quedado sin gasolina en una saturada autopista.

Si tan solo le hubiera dicho que debía regresar a las diez.

La lista es interminable y nunca deja de castigar. No obstante, considera mi conclusión para todos los «si tan solo» con que nos topamos en la vida: Dios está en control. Dios es soberano.

Cuando Christian tenía unos diez años, atravesó una fase de preocupación relacionada con mis viajes.

«¿Qué tal si tu avión se estrella, mamá?».

«¿Y si alguien irrumpe en tu habitación del hotel y te hace daño?».

Yo sacaba mi Biblia y le leía a mi hijo el salmo 139. Si alguna vez has luchado con preguntas del tipo «qué tal si», o te has sentido insegura y agitada en este mundo, copia este salmo y llévalo contigo adondequiera que vayas.

> Oh Señor, has examinado mi corazón
> y sabes todo acerca de mí.
> Sabes cuándo me siento y cuándo me levanto;
> conoces mis pensamientos aun cuando me encuentro lejos.
> *Me ves cuando viajo*
> *y cuando descanso en casa.*
> Sabes todo lo que hago.
> Sabes lo que voy a decir
> incluso antes de que lo diga, Señor.
> Vas delante y detrás de mí.
> Pones tu mano de bendición sobre mi cabeza.
> Semejante conocimiento es demasiado maravilloso para mí,
> ¡es tan elevado que no puedo entenderlo!
> ¡Jamás podría escaparme de tu Espíritu!
> ¡Jamás podría huir de tu presencia!
> Si subo al cielo, allí estás tú;
> si desciendo a la tumba, allí estás tú.
> Si cabalgo sobre las alas de la mañana,
> si habito junto a los océanos más lejanos,
> aun allí me guiará tu mano
> y me sostendrá tu fuerza.
> Podría pedirle a la oscuridad que me ocultara,
> y a la luz que me rodea, que se convierta en noche;
> pero ni siquiera en la oscuridad puedo esconderme de ti.
> Para ti, la noche es tan brillante como el día.

La oscuridad y la luz son lo mismo para ti.
Tú creaste las delicadas partes internas de mi cuerpo
y me entretejiste en el vientre de mi madre.
¡Gracias por hacerme tan maravillosamente complejo!
Tu fino trabajo es maravilloso, lo sé muy bien.
Tú me observabas mientras iba cobrando forma en secreto,
mientras se entretejían mis partes en la oscuridad de la matriz.
Me viste antes de que naciera.
Cada día de mi vida estaba registrado en tu libro.
Cada momento fue diseñado
antes de que un solo día pasara. (Salmos 139.1 -16, NTV, cursivas
añadidas)

Debo haberle leído ese salmo a Christian cien veces. En particular
el versículo 16. La palabra que David usó cuando describió a Dios vién-
dolo antes de que naciera, que la Nueva Versión Internacional traduce
«en gestación», es un término que aparece únicamente en este lugar en
todo el Antiguo Testamento. Significa «enrollado» o «envuelto». ¡Qué
hermosa descripción de un embrión o feto envuelto apretadamente
dentro del vientre de la madre hasta que Dios empieza a desplegar cada
parte! David escribe que cada día de su vida estaba registrado en el libro
de Dios, a lo que se vuelve a referir en Salmos 69.28, donde le pide a
Dios que castigue a sus enemigos: «Que sean borrados del libro de la
vida; que no queden inscritos con los justos». El salmista se basa en la
verdad de que solo Dios decidió antes de que él naciera cuánto tiempo
viviría exactamente.

«¿Ves, cariño? Ya sea que viaje o permanezca en casa, Dios está
conmigo. Aun antes de que naciera, todo momento de mi vida estaba
escrito. No iré a casa a estar con Jesús un día antes o un día después que
él lo decida».

Esta es una profunda verdad que debemos comprender y de la que
debemos apropiarnos, porque al enemigo le encanta hacernos creer que
vivimos en una cuerda floja, abriéndonos camino tentativamente sobre
mares rugientes, sin que nunca sepamos cuándo una ráfaga de viento

podría golpearnos. Esa es una mentira. Dios está en control de todas las cosas en todo momento.

A menudo les recuerdo esta verdad a los que se ven devastados por un trágico accidente que se lleva la vida de sus seres amados. La vida podría parecer muy al azar, muy fuera de control, pero aunque nuestros corazones estén destrozados, hay una tranquila confianza en saber que a pesar de que la muerte de nuestros seres amados pueda parecernos antes de tiempo, para Dios ellos terminaron sus carreras. ¿Entiendo por qué el Señor permite que ocurran ciertas cosas tan terribles? Ni siquiera pretendo hacerlo. Ese es un tema muy amplio con el que escritores más calificados que yo han lidiado. Sin embargo, hallo un dulce descanso en la verdad de que Dios está en control. Como escribiera el salmista: «Nuestro Dios está en los cielos y puede hacer lo que le parezca» (Salmos 115.3).

¿Tú también puedes aceptar esa verdad? ¿Tomarás las lamentaciones por lo que no hiciste y las llevarás a los pies de Cristo? Él ve tu vida. Te observa. El plan de Dios sigue desarrollándose aunque sientas que está fuera de control.

Lamentación por lo que nos han hecho

Un año, poco antes de Navidad, el esposo de una amiga se suicidó, dejando que su viuda criara sola a tres pequeños. Nadie en su círculo íntimo vio venir esto.

Muchas mujeres sienten como si sus vidas se hubieran deslizado dentro de una imagen congelada, deteniéndose en seco en ese momento, como un reloj dañado.

El suicidio deja a los deudos con una multitud de emociones a medida que empiezan a escrutar el paisaje que ha cambiado para siempre. Un tornado a menudo ofrece poca advertencia; así también ocurre con el suicidio. Siento una profunda empatía con la tragedia de esta familia, ya que mi propio padre se quitó la vida a los treinta y cuatro años de edad, dejando que mamá criara sola a tres hijos. La ruptura de un aneurisma cerebral hizo que no fuera «él mismo», y como familia llegamos a entender esa realidad médica. Sin embargo, la parte desesperada y agonizante acerca del suicidio es que cierra la conversación. No importa la cantidad de preguntas que tengas, lo furiosa que te sientas o cuánto lo lamentes, la persona se ha ido.

Para algunos, el divorcio golpea con un porrazo muy parecido. Un día ese hombre con el que has compartido la vida te dice que ya no te ama. Se va, sin mirar atrás, y prosigue con su vida. ¿Qué se supone que debas hacer? He hablado y llorado con muchas mujeres que sienten como si sus vidas se hubieran deslizado dentro de una imagen congelada, deteniéndose en seco en ese momento, como un reloj dañado. Una mujer escribió: «Es algo surrealista, como si me encontrara en una película de terror o tuviera un mal sueño del que no pudiera despertar. ¿Cómo puede él simplemente alejarse y emprender una vida diferente? ¿Qué se supone que deba hacer?».

Una de las realidades más duras de la vida es que aquellos a los que amamos no siempre optan por quedarse todo el viaje con nosotras.

No sé qué estaba sucediendo con el esposo de mi amiga cuando tomó su devastadora decisión de quitarse la vida.

No sé qué ideas pasaron por la mente de papá antes de que se metiera al agua.

No sé por qué hombres (y mujeres) se apartan a veces de todo y todos los que conocen y aman, y deciden llevar una vida diferente.

Sencillamente, no lo sabemos. Y dudo que del mismo modo muchos de *ellos* lo entiendan en realidad. ¿Se hallaba el esposo de mi amiga tan adolorido en medio del caos de ese lugar, que eligió una solución permanente para lo que podría haber sido una tormenta pasajera? Aquellos que han experimentado un tornado afirman que es como un tren de carga acercándose cada vez más con cada segundo que transcurre. Solo puedo imaginar las mentiras que el enemigo susurra cuando el sonido del desastre inminente se acerca.

¡Termina ahora!

¡Haz que esto se detenga!

¡Toma el control!

LA PRISIÓN DEL REMORDIMIENTO

En ocasiones he tratado de imaginar qué podría haber estado pasando por la mente de mi padre la noche en que se quitó la vida. Solo tenía treinta y cuatro años y se encontraba confinado a un asilo por el resto de sus días. El daño que su cerebro había sufrido era irreversible. Y quizás lo más cruel de todo es que él lo entendía. Debido a que se había vuelto violento antes de que se lo llevaran de casa, lo habían internado en un pabellón de máxima seguridad. Compartía ese siniestro espacio con hombres entre setenta y ochenta años que habían perdido todo contacto con la realidad. Ese regalo agridulce no le había sido dado a mi padre.

Sin duda hubo momentos de claridad en los que él sabía quién era, dónde estaba y qué había perdido. Mi madre me contó que en esos instantes los angustiosos sollozos de papá eran casi más de lo que ella podía soportar. Por lo tanto, le preguntó al médico de papá si lo podían trasladar a un pabellón donde hubiera algunos hombres más jóvenes. Lo reubicaron, pero aquella era una unidad menos segura. Durante esa primera noche mi padre escapó. Lo buscaron durante toda la madrugada y lo hallaron al amanecer.

Estaba atrapado en las redes de salmón en el río.

¿Puedes imaginar el amargo remordimiento que sintió mi madre? No solo había perdido al único hombre que amaba, sino también fue ella la que pidió que lo trasladaran. Nunca llegamos a hablar de estos temas mientras yo crecía. No sé si fue por reserva escocesa o por vivir en épocas diferentes. Solo sé que desde el día del funeral de mi padre cuando yo tenía cinco años, hasta que ya estaba en mis treinta y tantos, mamá y yo nunca hablamos de lo que le sucedió a papá.

Irónicamente, solo cuando fui a parar a una sala psiquiátrica a los treinta y cuatro años fue que mi tornado personal finalmente destapó todos nuestros secretos. Mamá viajó desde Escocia y se alojó en un hotel cerca del hospital para que yo no estuviera sola cuando me dieran de alta. Una mañana mi terapeuta la invitó a hablar en una de mis sesiones. No tenía manera de saber cuán terrible y hermoso sería ese día. Había sido muy «cuidadosa» toda la vida con las emociones de mi familia, en particular las de mi madre.

Sin embargo, para el momento en que terminé en el hospital, todo eso había acabado. Me hallaba demasiado cansada para seguir intentándolo. Mi terapeuta me animó a dejar que mi madre entrara al caos de emociones que había tratado de controlar por tanto tiempo, convencida de que un día tales emociones me hundirían. Las preguntas salieron de mí más en forma de lamentos que de frases. La estaba mirando directamente.

«¿Por qué él hizo eso?».

«¿Por qué nunca volvimos a hablar de él?».

«¿Por qué me culpaste?».

Un sonido desgarrador inundó la pequeña oficina, y provino de mi madre. Me hallaba horrorizada en completo silencio.

Hay partes de la historia de mamá que solo ella puede contar. Lo que sí puedo decir es que una oleada tras otra de remordimiento la *sacudió*. Se convirtió en una mujer a la que nunca antes había conocido.

Durante casi treinta años creí que mamá me culpaba por la muerte de mi padre, mientras ella había estado culpándose a sí misma. Fue devastador y hermoso sentarme en silencio mientras mi terapeuta ayudaba a mi madre a ver que no era más culpable de lo que yo lo era.

Una silenciosa lamentación había echado a perder años de consuelo, perdón y apoyo mutuo. Sin embargo, puedo decirte hoy en día que Dios es un Redentor para mamá y para mí.

Nada se desperdicia.

Nada se pierde.

Nada se desaprovecha.

El rey David nos recuerda que Dios enjuga nuestras lágrimas: «Toma en cuenta mis lamentos; registra mi llanto en tu libro» (Salmos 56.8).

Otros tal vez no entiendan el peso de lo que has llorado, pero Dios sí. Tu vida no termina cuando ciertas circunstancias devastadoras amenazan con destruirte. No obstante, al enemigo le gustaría que creas exactamente eso: que tu vida se ha desperdiciado y ha terminado. Le gustaría hacerte vivir bajo el silencioso estandarte del remordimiento el resto de tu vida. Las mentiras silenciosas que creemos pueden lisiarnos.

Lamentación por cosas que quedaron pendientes

Mi amiga Christine Caine descubrió en sus treinta que sus padres la habían adoptado. Ese mismo día supo que a su hermano lo habían adoptado de una madre diferente. A medida que su historia comenzaba a desarrollarse, los detalles se hacían aun más dolorosos.

El certificado de nacimiento de Christine la había reducido a un número; la línea en que debía ir el «nombre del niño» decía «desconocido». Los documentos que la trabajadora social había llenado evidenciaban que la madre de nacimiento tenía poco interés en esta hermosa bebita.

Desconocida. No deseada.

Christine tiene la prueba. Yo he visto los documentos.

También he presenciado un milagro.

He observado a esta apasionada griega-australiana encontrar una mejor fuente de datos acerca de su vida que alguna carpeta gris en el último cajón de un archivador de una lúgubre oficina gubernamental. En la Palabra de Dios esta mujer descubrió que incluso antes de que entrara al vientre de su madre, Dios la conoció y tenía planes maravillosos y meticulosos para ella. La idea de quedar reducida a un número la pudo haber destruido, pero en cambio Dios ha usado ese hecho histórico en blanco y negro para encender un fuego apasionado dentro del espíritu de mi amiga.

Christine y su esposo, Nick, lideran un ministerio llamado Campaña A21, el cual lucha para terminar con la esclavitud en el siglo veintiuno. ¿Sabías que más esclavos pueblan el mundo de hoy en día que en cualquier otra época en la historia humana? ¡Más de veintisiete millones!

Para Christine, ninguna de esas personas es un número. Cada una tiene un nombre, un futuro y una vida preciosa por la que Cristo murió. Ella cree que vale la pena luchar por cada una. (A fin de averiguar más con respecto a la obra de Christine, visita su sitio web.[1]) Considero que la vida de esta amiga es una imagen asombrosamente hermosa de la manera en que Dios frustra los planes con que el enemigo trata de destruirnos. ¡A Dios le encanta tomar lo que Satanás idea para el mal y a cambio lo usa para el bien!

Me pregunto qué sientes que se ha destrozado en tu vida. No conozco tus esperanzas y sueños, o cómo alguien pudo haberlos lanzado al polvo dejándolos inconclusos. Quizás has esperado por mucho tiempo que un hombre se case contigo, pero él no hace ningún movimiento en esa dirección. En un viaje reciente a Londres conocí en un tren a una mujer que me confesó que había estado saliendo con el mismo individuo durante trece años. Ella ahora estaba en sus cuarenta y aún esperaba que él le propusiera matrimonio. Le pregunté si había visto indicios de cambio, algo que sustentara un poco su esperanza, pero me dijo que no. Lo que la había detenido era que creía que ya había invertido gran parte de su vida esperando como para simplemente alejarse ahora.

—¿Y si nunca te lo propone? —inquirí.

Su respuesta fue desgarradora.

—Lo hará. Sé que lo hará. ¡Tiene que hacerlo!

Tal vez has creído que tu antiguo esposo sería económicamente responsable y te ayudaría a criar a tus hijos, pero mes tras mes no obtienes más que otra excusa.

Lleva tus lamentaciones más profundas a la cruz. Reconócelas. Permítete sentir el peso. El origen castellano de la palabra *lamentación* habla de tristeza y pena. Entrégale tu tristeza y tu pena a tu Padre y déjalo que intercambie lo que no puedes llevar por lo que él ha diseñado exactamente para ti. El corazón del Padre anhela que todas pasemos de la lamentación que paraliza nuestras almas al profundo descanso que se halla en el Señor. El remordimiento no expresado puede empañar cada amanecer, pero no es demasiado tarde para abrir las ventanas y dejar que entre la luz del sol.

> Eché abajo las oscuras y lúgubres cortinas que colgaban como muertos en las horcas.
>
> Abrí las ventanas y grité mientras la luz del sol, tan sorprendida como yo, entraba a este silencioso espacio.

Y mientras mis ojos se acostumbraban a esta luz intensa y penetrante,

me di cuenta de que era hora de volver a reír.

—Anotación en mi diario

PERMANECE FIRME EN MEDIO DE TU TORMENTA

Quizás por primera vez te estés dando cuenta del peso del remordimiento que has llevado por tanto tiempo y estés lista para romper el
silencio.

1. *Sé sincera y reconoce tus lamentaciones.* Si las amontonas en el
   sótano de tu alma, nunca tendrás que tratar con ellas. El enemigo desea sacarlas y arrastrarlas de nuevo a la planta alta.
   Admite tus remordimientos, confiésalos y pídele a Cristo que
   te perdone por lo que has hecho o has dejado de hacer.

2. *Llora tus pérdidas.* Permítete sentir el dolor por las cosas que
   quisiste que hubieran sido, o que una vez fueron. Aunque las
   olas parezcan elevadas, no te consumirán. Llorar las heridas
   también sana. ¡Permítete ser humana!

3. *Perdona.* Perdónate y perdona a los que desempeñaron un
   papel en los remordimientos de tu pasado. Recuerda que cuando perdonas, *tú* eres la única liberada.

4. *Pídele a Dios valor para participar plenamente en la vida otra
   vez.* No permitas que el enemigo te convenza de que has perdido tu parte en el plan grandioso y redentor de Dios. El diablo miente. Tal vez quieras comprar un pedazo de cinta roja y
   colgarla en un lugar donde puedas verlo a diario para recordarte que Dios te ha liberado, tan cierto como que liberó a Rahab.

Hace casi siglo y medio el gran clérigo y poeta escocés Horatius Bonar escribió algunas líneas que siguen ayudándome hoy día. Oro que te provean el mismo consuelo.

> Cuando los cansados, en busca de reposo,
> A tu bondad acuden;
> Cuando los severamente cargados
> Sobre ti su pesada carga lanzan;
> Cuando los atribulados, en busca de paz,
> En tu nombre invocan;
> Cuando el pecador, en busca de vida,
> A tus pies cae:
> Oye entonces en amor, oh Señor, el grito en el cielo,
> Tu lugar de morada allá arriba en lo alto.
>
> —*HYMNS OF FAITH AND HOPE*, 1866

Padre Dios:

Me siento como si hubiera estado prisionera del remordimiento por tanto tiempo, que olvidé cómo se siente ser libre. Te pido que me ayudes a desenterrar y confesarte cada angustia, ya sea por lo que he hecho o por lo que me han hecho. Ya no quiero ser prisionera de esta silenciosa tormenta. ¡Elijo descansar en ti! ¡Te elijo a ti!

Amén.

CAPÍTULO SEIS

Rayos y truenos

Del temor al gozo

No tengo miedo de las tormentas, porque estoy aprendiendo a hacer
navegar mi barco.

—Louisa May Alcott, *Mujercitas*

No se angustien. Confíen en Dios, y confíen también en mí. En el
hogar de mi Padre hay muchas viviendas; si no fuera así, ya se lo
habría dicho a ustedes. Voy a prepararles un lugar. Y si me voy y se
lo preparo, vendré para llevármelos conmigo. Así ustedes estarán
donde yo esté.

—Juan 14.1–3

En cinco minutos cerrarían la puerta del avión, así que revisé
rápidamente mis mensajes de texto antes de apagar mi teléfono.

Uno de Barry decía: «Llámame cuando aterrices en Denver. ¡Te amo!».

Otro de Christian decía: «Mamá, ¿Dylan puede pasar la noche en casa?».

Sin embargo, el de Sally, una de las vicepresidentas de Women of Faith (una conferencia para mujeres en la que he participado desde 1996), hizo que se me paralizara el corazón. Ella había recibido la noticia de que a una mujer en Denver que tenía entradas para nuestro evento allí la habían asesinado brutalmente. No me daba más información.

Tuve problemas para procesarlo todo.

Mis desordenados pensamientos se vieron interrumpidos por la conocida frase: «Por favor, apaguen todos los BlackBerrys, iPhones, iPads, Kindles, todo aquello con un botón de prender y apagar».

Le envié a Sally un rápido mensaje antes de que cerraran la puerta del avión: «Si hay algo que pueda hacer al llegar allá, házmelo saber, por favor». La mente se me aceleró. ¿Qué le habría sucedido a esta pobre mujer? Era evidente que no había muerto en un accidente. Sally había hablado de un brutal asesinato. ¿Murió en medio de una riña familiar? ¿En alguna acción violenta al azar?

Pensé en la promesa dada en la última conversación que Jesús tuvo con sus más íntimos amigos. Suelo meditar en este texto, uno de mis favoritos: «Les dejo un regalo: paz en la mente y en el corazón. Y la paz que yo doy es un regalo que el mundo no puede dar. Así que no se angustien ni tengan miedo» (Juan 14.27, ntv).

Aunque cada promesa de Cristo es una roca sólida, admito que a veces me cuesta sostener la verdad de su promesa en una mano y equilibrarla contra las difíciles realidades de nuestro mundo en la otra. Cosas terribles e inimaginables les suceden en nuestro planeta a personas inocentes. La violencia invade comunidades adormiladas y cambia el paisaje para siempre. Ahora esa violencia había visitado otra pequeña población en Colorado.

Para cuando el avión aterrizó en Denver, tenía varios mensajes de miembros del personal de Women of Faith que me informaban acerca de lo sucedido. Me enteré del nombre de la mujer asesinada: Mary Katherine Ricard. Ella había trabajado como carcelera en Arkansas Valley Correctional Facility en Ordway, Colorado. Un mensaje de texto contenía un enlace a un artículo en el *Denver Post*. Cuando busqué el artículo, su título me taladró el corazón: «Mary Katherine Ricard hubiera tenido perdón para su asesino». El resto del artículo ofrecía algunos detalles del delito. Mary había muerto rápida y violentamente en la cocina de la prisión, donde supervisaba a las cocineras reclusas.

Me senté por un momento en la terminal antes de ir a reclamar mi equipaje. La noticia me angustió en extremo. Oré por la hija de Mary, toda su familia y el personal de la prisión. Debe ser devastador para todos que una compañera muera violentamente en la línea del deber.

Llamé a casa para ver si Barry había oído la noticia. Así era. Alguien de nuestro personal se había comunicado con la familia de la fallecida, y ahora Barry tenía el número del celular de Katie, la hija de Mary Katherine. Mi esposo me contó que había hablado con la chica durante unos momentos y obtuvo un poco de información acerca del asesinato.

—Katie me dijo que su mamá nunca trabajaba los lunes —informó Barry—. Se suponía que debía estar en servicio este viernes por la noche, pero cambió el turno porque quería oírte hablar la noche del viernes, Sheila. La asesinaron el lunes por la noche.

Las lágrimas me rodaban por el rostro mientras pensaba en esta madre e hija haciendo planes y cambiando horarios para poder adorar junto a nosotras en Women of Faith. Mary se levantó esa mañana y fue a trabajar, creyendo que había hecho lo posible para disfrutar de un tiempo entre madre e hija.

Quise contactarme de alguna manera con la familia; sin embargo, ¿qué decir frente a tal acción violenta sin sentido? Con un dolor tan fresco es difícil saber qué hacer. A veces las personas solo quieren llorar a solas y en privado.

—¿Crees que debo llamar? —pregunté.

—Sí —contestó Barry—, ella pidió que la llamaras.

Esperé hasta estar en el silencio y la privacidad de mi cuarto del hotel. Me puse de rodillas e hice una oración que con los años se me ha vuelto muy conocida: «Señor Jesucristo, me arrodillo una vez más ante tus pies para sacar lo que tengo adentro y ofrecértelo. Está claro que no puedo con esta situación. Por lo tanto, te pido que tomes los panes y los peces de mi vida, los bendigas, los partas y alimentes a tu pueblo quebrantado».

Marqué el número y Katie contestó. Hablamos durante algunos momentos, luego me preguntó si podía ponerme en el altavoz.

—Mi papá, mi hermano y algunos miembros de la familia están aquí. ¿Tienes algunas palabras para todos nosotros?

Leí un salmo que ha traído consuelo en innumerables ocasiones.

El Señor es mi pastor, nada me falta;
en verdes pastos me hace descansar.
Junto a tranquilas aguas me conduce;
me infunde nuevas fuerzas.
Me guía por sendas de justicia
por amor a su nombre.
Aun si voy por valles tenebrosos,
no temo peligro alguno
porque tú estás a mi lado;
tu vara de pastor me reconforta.
Dispones ante mí un banquete
en presencia de mis enemigos.
Has ungido con perfume mi cabeza;
has llenado mi copa a rebosar.
La bondad y el amor me seguirán
todos los días de mi vida;
y en la casa del Señor
habitaré para siempre. (Salmos 23)

Luego oré. Pedí el consuelo, la fortaleza y la paz de Cristo que sobrepasa todo entendimiento. Katie me contó que durante varios años ella y su madre habían asistido juntas a nuestras conferencias.

—La esperábamos todos los años —manifestó—. Era nuestro tiempo de renovación espiritual. Siempre reíamos y llorábamos mucho, pero terminábamos sintiendo un verdadero gozo.

Antes de colgar le pregunté a Katie si podía hacer algo por ella o la familia. Me dijo que el lunes siguiente se celebraría un servicio fúnebre por su mamá. Tres mil funcionarios de prisiones volarían desde todas partes del país.

—A mamá le encantaba que cantaras «You Raise Me Up» [Tú me levantas] —expresó ella—. ¿Te quedarías y cantarías esa canción en su funeral?

—Por supuesto que lo haré.

La familia permaneció en mis pensamientos y oraciones todo ese fin de semana. Me pregunté cómo habrían sido esos últimos momentos para Mary Katherine. ¿Intentaría defenderse? Aunque el temor crudo puede incitarnos a cometer actos que parecen producto de fuerzas sobrehumanas, a veces simplemente nos paraliza.

Cuando tenía dieciséis años vi cómo un auto golpeaba a una mujer y su bebé mientras atravesaban un paso peatonal. El vehículo le dio al cochecito con tanta fuerza que el bebé voló por los aires como un muñeco de trapo, mientras el auto arrastraba varios metros a la madre. Aunque me hallaba tan solo a unos metros de distancia, me quedé clavada en el lugar. Incluso cuando otros pasaron junto a mí de prisa para ayudar, no hice nada. Ni siquiera podía mirar. Permanecí en el borde de la calle con el rostro escondido entre las manos. No podía moverme. Recuerdo haber oído un extraño lloriqueo y me pregunté qué podría ser... hasta que me di cuenta de que el ruido provenía de mí. Durante meses me sentí profundamente avergonzada por mi incapacidad para hacer algo más que permanecer allí, paralizada por el miedo.

¿Has experimentado alguna vez un momento como ese? Quizás no tan trágico como presenciar un accidente desarrollándose delante de tus ojos, pero sí un momento en el que el miedo te agarró y sentiste bandas de acero envolviéndote el corazón y la mente.

Los muchos rostros del temor

El temor viene en muchas formas. Puede ser tan repentino y violento como un rayo que cae sobre un árbol y lo parte en dos, o tan perpetuo y debilitante como un día de lluvia tras otro sin la promesa del sol. Para muchas de nosotras el temor es una respuesta a una situación inesperada, pero para otras se siente como parte del tejido de sus almas.

Tengo una amiga que revisa a su bebé varias veces por noche para asegurarse de que está respirando. La posibilidad de perder a su pequeño la atormenta y le roba el sueño. Ella admite que su temor no tiene ninguna base racional. Su bebé es fuerte y sano, pero el miedo ensombrece todo en la vida de esta mujer como amenazadoras nubes de tormenta.

Podrías categorizar tu propio temor como ansiedad. Sin embargo, aunque la realidad del miedo es diferente para cada una de nosotras, un aspecto se mantiene constante: el temor nos roba el gozo. Cuando el miedo se apodera del centro del escenario, nos es imposible vivir en «lo que es» debido a «lo que podría ser».

La ansiedad ha alcanzado proporciones epidémicas en Estados Unidos. A pesar de su posición como la nación más rica del planeta, también posee la dudosa distinción de ser la más ansiosa, con casi un tercio de estadounidenses propensos a sufrir una condición de ansiedad en su vida.[1] Ninguna otra nación ni siquiera se le aproxima.

¿Dónde se originan este temor y esta ansiedad? Algunos afirman que nuestra búsqueda nacional de la felicidad conduce a una infelicidad excesiva y desesperada. Nos sentimos consumidos por una búsqueda de un elevado estado de vida que simplemente no existe, o al menos no por mucho tiempo, en esta tierra.

Sin duda eso parece plausible, sin embargo, ¿por qué tantas de nosotras que amamos a Dios nos sentimos abrumadas por el temor?

Justo antes de Navidad hablé en un evento en un pueblito de Texas con el evocador nombre de Dripping Springs [Fuentes que gotean]. Les pregunté a las mujeres asistentes qué regalos pondrían en el pesebre del niño Jesús si hubieran estado allí en aquella noche santa hace mucho tiempo. Esperé algunas de las respuestas:

«Le daría mi corazón».

«Le entregaría todo mi amor».

No obstante, encontré algunas de las respuestas bastante sorprendentes y hasta muy reveladoras. Varias tarjetas hablaban de un profundo quebrantamiento y temor al futuro.

«Le daría mi ansiedad».

«Le entregaría mi temor al futuro».

«Le obsequiaría a mis hijos; me aterra lo que les depara el futuro».

«Le entregaría mi matrimonio. Le pediría que trajera a mi esposo a casa».

«Le daría todo lo que tengo si tan solo me concediera paz».

Al enemigo le encanta usar el arma del miedo contra nosotras, afinado delicadamente para horadar los corazones de las hijas de Dios. Leemos en la Biblia que el perfecto amor echa fuera el temor (1 Juan 4.18), pero de alguna manera tenemos una dificultad relacionada con la palabra *perfecto*. Nuestros corazones anhelan tan solo saber cómo podría resultar eso en la práctica.

Rayos y truenos

Vuelve a pensar en el inicio de este capítulo. ¿Te has preguntado, al menos un poco, por qué elegí comenzar una meditación sobre cómo superar el miedo con la historia de una mujer que amaba a Dios, pero perdió la vida a manos de un asesino? Escogí la historia por una sencilla razón: si el amor de Dios puede dominar lo peor que el enemigo nos pueda lanzar, no debemos temer sus más viles intentos de destruirnos. Cuando nos atrevemos a enfrentar de lleno lo peor que la vida tiene para ofrecer y aun así vemos allí la redentora misericordia de Dios, el temor debe ocupar un asiento trasero en nuestras vidas... o salir de ellas e irse muy lejos. El temor tiene un lugar inevitable en nuestro viaje, pero no debe llegar a dictaminar el camino que tenemos por delante.

Sí, ese fin de semana en Denver comenzó con una noticia aterradora y horrible. Sin embargo, a medida que los acontecimientos de los días siguientes se desarrollaban, Dios se abrió paso como un repentino rayo de luz solar que perfora los siniestros nubarrones. El día del funeral de Mary Katherine el Señor me mostró el poder de la cruz sobre el temor de una manera que nunca antes había presenciado. Tomó lo que el enemigo había destinado para destruir a esta familia y produjo verdadero gozo de lo que empezó como terror.

Pensándolo bien, no sé cómo esperaba que fuera un funeral como este, pero no pude haber anticipado el palpable cambio de ambiente que el Espíritu de Dios produjo en el auditorio de ese colegio. El Señor le debía su tributo a esta hermosa hija, y pintó una imagen del gozo puro de una vida redimida sobre el lienzo de lo que a ojos humanos no podía ser más que una tragedia sin sentido.

Llegué allí temprano esa mañana. Quería observar y orar cuando los funcionarios de las prisiones empezaran a llegar. Por Katie supe que su mamá había trabajado antes como cocinera en un fabuloso restaurante de uno de los principales complejos turísticos de esquí, pero había aceptado este empleo en la prisión para poder llevar la luz y la vida de Cristo a un lugar tan deplorable y sin esperanza. Ahora ella se había ido. En lo profundo de mi ser sabía que el enemigo se estaba regocijando de la violencia sin sentido que había provocado en un momento. Un rayo cayó y esta mujer fue derribada. Oré con todo mi corazón: «Señor, redime esta tierra ensangrentada».

El silencio era profundo mientras una fila tras otra de funcionarios llenaba el auditorio. Por las insignias en sus uniformes pude darme cuenta de dónde servían. Había hombres y mujeres de cada estado, desde Nueva York hasta California. Los últimos funcionarios que tomaron sus asientos eran de la prisión donde Mary Katherine había servido. Luego la familia ingresó escoltada. El ambiente era pesado, como si nubes de tormenta se hubieran deslizado por la puerta trasera y revoltearan amenazantes sobre cada cabeza.

El funeral estaba por comenzar cuando Katie se deslizó hacia donde me hallaba sentada.

—Antes de cantar, ¿quisieras decir algunas palabras con respecto a lo que le importaba a mamá? —pidió.

Al caminar hacia el podio miré la foto de Mary Katherine rodeada de flores, mostrando una sonrisa tierna en su rostro; mi hermana en Cristo había concluido su carrera. Miré los semblantes de esta sombría multitud y les dije que la tierra tiene un método distinto de trabajo que el cielo. Ese lunes, cuando el cuerpo de Mary Katherine cesó de respirar, nuestro sistema terrestre habría indicado en un documento que su vida había concluido. No obstante, en el cielo, en ese glorioso día de regreso al hogar, la documentación diría: «Bienvenida a casa. ¡Bien hecho, buena sierva y fiel!».

Hice una pausa y entonces la música comenzó a sonar para la canción que me habían pedido cantar. A mitad de ella, algo sucedió. Cuando llegué a las palabras «levántame para que pueda pararme sobre montañas», Katie se puso de pie y levantó las manos en adoración.

Entonces Tim, el esposo de Mary Katherine, también se puso de pie y levantó sus manos en adoración, mientras las lágrimas corrían por sus mejillas. Al poco tiempo todo el auditorio, hombres y mujeres en uniforme, se levantaron. No sé por qué ciertas personas se pusieron de pie. Estoy segura de que algunas lo hicieron para mostrar respeto, pero otras también levantaron las manos en adoración a aquel que tiene las llaves de la muerte y el infierno, aquel a quien los barrotes de la prisión no pudieron retener ni la tumba fue capaz de contener.

La decisión de Katie y Tim de ponerse de pie, sabiendo que Mary Katherine estaba libre en casa, fue impresionante. Dios abrió las puertas y las nubes de tormenta de lo que fue verdad por un momento fueron desterradas por lo que es verdad eternamente. ¡Mary Katherine ganó! Estaba libre en casa.

Es cierto que durante la mayor parte de nuestra existencia vivimos momentos menos sensacionales, pero por intenso que sea el miedo que enfrentamos de vez en cuando, la verdad es que puede tener un dominio absoluto sobre la alegría. Los sentimientos de temor pueden inmovilizar. Démosle una mirada a lo que la Biblia tiene que decir con respecto al temor, sus diferentes formas y raíces.

El enemigo no tiene la sabiduría de nuestro Dios. Por eso a menudo se sobrepasa. Lo que intenta usar para destruirnos, Dios lo usa para fortalecernos y darnos un gozo que es más profundo y eterno.

El miedo en la Palabra de Dios

El miedo puede introducirse por muchas puertas diferentes. La desobediencia a Dios resulta naturalmente en el temor. Después que Adán pecara y el Señor le pidiera una explicación por su malvada conducta, el hombre culpable replicó: «Escuché que andabas por el jardín, y tuve miedo porque estoy desnudo. Por eso me escondí» (Génesis 3.10).

En el otro extremo del espectro, una clase reverente de temor puede indicar una respuesta adecuada al juicio santo de Dios: «Por la fe Noé, advertido sobre cosas que aún no se veían, con temor reverente construyó un arca para salvar a su familia. Por esa fe condenó al mundo y llegó a ser heredero de la justicia que viene por la fe» (Hebreos 11.7).

Debemos sentir una clase de temor muy natural y preservador de la vida cuando algo amenaza nuestro bienestar o la continuación de nuestra existencia: «Después de subirlo a bordo [el bote salvavidas], amarraron con sogas todo el casco del barco para reforzarlo. Temiendo que fueran a encallar en los bancos de arena de la Sirte, echaron el ancla flotante y dejaron el barco a la deriva» (Hechos 27.17).

Sabemos también que cuando el Hijo del hombre regrese con poder y gran gloria, muchos responderán con terror: «Se desmayarán de terror los hombres, temerosos por lo que va a sucederle al mundo, porque los cuerpos celestes serán sacudidos. Entonces verán al Hijo del hombre venir en una nube con poder y gran gloria. Cuando comiencen a suceder estas cosas, cobren ánimo y levanten la cabeza, porque se acerca su redención» (Lucas 21.26–28).

Esto no es así para aquellos que amamos a Cristo. Jesucristo, quien conquistó la muerte, nos libra del temor a la muerte: «Por tanto, ya que ellos son de carne y hueso, él también compartió esa naturaleza humana para anular, mediante la muerte, al que tiene el dominio de la muerte —es decir, al diablo—, y librar a todos los que por temor a la muerte estaban sometidos a esclavitud durante toda la vida» (Hebreos 2.14–15).

El temor a la muerte, o miedo al proceso de morir, ha plagado a la humanidad desde la caída en el Edén. Satanás mantiene esto al alcance de la mano en su arsenal y lo cuenta como una de sus más poderosas armas contra nosotros. Cuando tentó a Adán y Eva para que desobedecieran a Dios, el plan del diablo era destruirlos y terminar para siempre la relación de ellos con el Señor. No obstante, su arrogancia lo cegó a la verdad de que Dios siempre ha tenido un plan superior. Es este «plan superior» lo que me gustaría considerar más profundamente.

Está claro que en este mundo pueden suceder cosas malas. Aquellos que amamos a Dios no somos inmunes al sufrimiento de la vida. Sin embargo, cuando la marea del temor se acerca, debemos recordar que debido al sacrificio de Cristo hemos sido redimidos. Satanás no puede seguirnos más allá de esta vida. Dios ha declarado: «Hasta aquí y no más allá». Aunque enfrentemos situaciones abrumadoras, tenemos un lugar al cual llevar nuestro temor. Así lo escribió David: «Cuando siento miedo, pongo en ti mi confianza» (Salmos 56.3).

UN RASTRO DE SANGRE

Me pregunto cuándo Satanás comenzó a sospechar que su plan para destruir todo lo que Dios ama confrontaba algunos problemas de importancia.

Una vez que consiguió de manera exitosa que Adán y Eva pecaran, supo que había roto nuestra relación perfecta con Dios. ¿Te puedes imaginar cómo debió haber saltado de alegría al ver a Adán y Eva expulsados del jardín y vestidos con pieles de animales? El diablo no tenía idea de que esta trágica imagen de pérdida y destierro era parte del plan de Dios para redimirnos a todos. La sangre animal que se derramó en el Edén para cubrir a Adán y Eva fue solo el principio, un indicador de la sangre que un día iría a derramarse para cubrirnos a todos.

Lo único que Satanás vio fue muerte y derrota; no pudo haber imaginado que las pieles representaban a un Cordero perfecto que nos salvaría. No comprendió que Dios ya había comenzado a encaminarnos por nuestro sendero a casa. Cuando Satanás vio la sangre, esta indicaba muerte, pero cuando Dios derrama sangre, esta indica vida. Me pregunto si Satanás puso alguna atención a la advertencia en el jardín ese día. Dios le dijo que un día la semilla de una mujer vendría a aplastar la cabeza del diablo, aunque este le golpeara en el talón. No obstante, el olor a sangre estaba en el aire, y las consecuencias de su maldad apenas habían comenzado.

A continuación el diablo susurró sus insidiosas mentiras a Caín, el hijo mayor de Adán y Eva: «Dios parece mucho más complacido con la ofrenda de tu hermano que con la tuya. Me pregunto: ¿por qué *él* es el preferido? ¿No es esto motivo para que lo odies?».

Satanás presenció cómo Caín mataba a su hermano Abel y luego trataba de ocultarle a Dios lo que había hecho. Sin embargo, el Señor le dijo a Caín: «Desde la tierra, la sangre de tu hermano reclama justicia» (Génesis 4.10).

Otro triunfo para Satanás. La muerte se había vuelto parte activa de la vida humana.

La costumbre humana de derramar la sangre de sus semejantes, que comenzara con Caín, se abre paso a lo largo de los siglos mediante todo tipo de traiciones, maquinaciones, peleas y asesinatos. Muchos hombres y mujeres buenos rechazaron los susurros mortales del diablo (Noé, Abraham, Sara, Rut, Samuel, Abigaíl, Ezequías), pero siempre los superaron en número aquellos que les hicieron caso a las mentiras homicidas del enemigo.

Luego las páginas del Antiguo Testamento se cerraron... silencio. Ningún mensaje del Señor durante cuatrocientos años.

No tenemos registro bíblico de las condiciones de vida de los israelitas que poblaron la tierra durante el silencio de Dios desde el final del Antiguo hasta el inicio del Nuevo Testamento. No conocemos qué males perpetraron Satanás y sus legiones durante esa época. Sin embargo, su malvada naturaleza no cambia, así que con seguridad podemos suponer que hicieron todo lo posible por promover la oscuridad, el engaño y la desesperación. Gigantescas olas de temor debieron haber caído sobre las vidas de aquellos que se preguntaban si Dios los había olvidado. No obstante, muchos se habrían levantado en fe y mirado el horizonte, porque Dios había hecho la promesa de un Mesías venidero, y Dios no puede mentir.

Entonces una noche apareció una estrella en el cielo oriental. Un bebé judío lloró en la oscuridad. Nada con respecto al niño o sus padres justificaba mucho la atención demoníaca, a no ser unos pocos pastores asombrados que fueron hasta el establo y luego comenzaron a difundir historias descabelladas sobre el bebé. Con todo... el hecho ocurrió en Belén. ¿No había declarado el profeta Miqueas que venía uno que guiaría al rebaño de Dios y nacería en Belén (Miqueas 5.2)?

Transcurrieron unos meses, el bebé creció, y él y sus padres dejaron el establo y ocuparon una casa. Más o menos en esa época unos extranjeros ricos llegaron al palacio de Herodes buscando al niño que según ellos había nacido para ser Rey.

Algo anda mal, pensó Satanás, *¿pero qué, exactamente?* No podía correr el riesgo de que este niño fuera el que le iría a aplastar la cabeza, así que le susurró sus mentiras más venenosas al corazón corrupto de Herodes, quien ordenó matar a todo niño en Belén de menos de dos años. Los soldados derramaron mucha sangre esa noche, pero para el enemigo la sangre se derramó en vano; el niño Cristo ya había partido. Un ángel le había advertido a José en un sueño que saliera hacia Egipto, y él obedientemente llevó a María y a su hijo a un lugar seguro en el sur.

Pasó el tiempo y un día un hombre común emergió de las aguas bautismales del río Jordán. En ese momento *algo* sucedió en los cielos: una voz, la voz de Dios, hizo un anuncio que heló el corazón siniestro del querubín caído que una vez dirigiera la adoración celestial. Satanás tendría que vigilar a este hombre.

El diablo jugó con Cristo en el desierto durante cuarenta días. Le lanzó lo mejor que tenía, cosas que durante miles de años habían hecho caer a grandes hombres... pero Jesús no cayó. Se negó a inclinarse. En vez de eso usó las Escrituras contra el enemigo de Dios. Entonces Satanás lo dejó... por un tiempo.

El diablo vio cómo el hombre se volvía popular, demasiado popular. Las personas que habían olvidado cómo era tener una relación con Dios empezaron a volverse al Señor, a comprometerse a ir tras él y seguir sus caminos.

Ahí fue cuando Satanás supo que debía recurrir a su arma favorita y más confiable. Si este hombre no se inclinaba ante él, tendría que morir.

El enemigo trató de conseguir que las multitudes mataran a Jesús (apedreándolo, lanzándolo por un precipicio, o deshaciéndose de él de alguna manera), pero ninguna de estas maquinaciones funcionó. Satanás no tenía idea de que su muerte era el plan de Dios desde el principio. Nada en los más recónditos y siniestros recovecos del mal pudo haber alertado a Satanás sobre la impresionante verdad de que el Padre le había pedido al Hijo que entregara su vida. El perfecto amor echa fuera el temor, pero cuando solo hay perfecto odio, el pensamiento del amor expiatorio ni siquiera existe. Por tanto, el enemigo siguió tratando de matar a Jesús, y se le ocurrió lo que le debió haber parecido el plan perfecto, la bofetada final en el rostro de Dios.

Usemos a los líderes religiosos, decidió el diablo. *¡Qué final perfecto, entregar a Jesús en manos de aquellos que se supone que lo representan en esta tierra!* La ironía estaba cargada de un sádico placer. Satanás utilizó algunos de sus dardos favoritos sobre los engreídos líderes: orgullo, justicia propia, envidia e ira... y funcionaron. Manipularon el sistema para lograr que crucificaran a Jesús.

Me pregunto en qué parte de la multitud se paró Satanás ese día en que Cristo, el perfecto Cordero de Dios, fue crucificado con los brazos abiertos para que el mundo lo viera, mientras su sangre goteaba hasta el suelo. Sin embargo, por mucho que el diablo estuviera cerca, volvió a fallar. No supo atar los cabos. No vio el vínculo común: la sangre de animal en el jardín, la sangre de cordero en los dinteles, y la sangre del Cordero de Dios en el Calvario. Su orgullo y su arrogancia le habían cerrado los ojos.

Para Satanás, este lúgubre momento justificaba todo. Su rebelión había triunfado, culminándola como había empezado:

¡Soy el más grande!

¡Soy el más sabio!

¡Gané!

Mientras veía morir a Cristo, una sola declaración debió haber convencido al enemigo de que había ganado. Había escuchado con repugnancia cómo Jesús le pedía al Padre que perdonara. Despreció el intercambio entre Cristo, su madre y Juan, pero luego oyó esto: «Dios mío, Dios mío, ¿por qué me has desamparado?» (Mateo 27.46). Fue entonces cuando supo que había logrado lo imposible; era tan magnífico como siempre se había declarado, ya que había derrotado a Dios.

Cristo expiró, y todos menos unas cuantas mujeres se esparcieron a los cuatro vientos. Una tarde y una mañana, una tarde y una mañana, y todo quedó en silencio. Antes de que el amanecer siquiera comenzara a colorear el cielo esa segunda mañana, quizás el diablo estaba allí viendo a esas mujeres volver para ungir el cuerpo maltratado de Cristo con mirra y otras especias. *Demasiado poco, demasiado tarde*, debió haber pensado Satanás. La mirra era uno de los tres regalos que los reyes le habían dado a María. Si el incienso hablaba de la presencia de Dios entre su pueblo, la mirra les debió haber advertido: él no va a sobrevivir esto.

No obstante, María llegó entonces a la tumba vacía.

¡No! ¡No puede ser!

Pero lo fue. Jesús estaba parado allí, bien vivo. ¡Había resucitado de los muertos!

¿Cuándo crees que Satanás se dio cuenta de que aquello que había organizado consiguió a cambio que se llevara a cabo el mismo plan de Dios? Solo sabemos que no tenía idea de que la mayor equivocación que cometió fue crucificar a Jesús. ¿Cómo lo sabemos? Veamos 1 Corintios 2.7–8:

> Más bien, exponemos el misterio de la sabiduría de Dios, una sabiduría que ha estado escondida y que Dios había destinado para nuestra gloria desde la eternidad. Ninguno de los gobernantes de este mundo la entendió, porque de haberla entendido no habrían crucificado al Señor de la gloria.

¿Ves la alegría triunfal, pura y sin diluir del plan de Dios desde el principio, incluso antes de que Adán y Eva cayeran? Dios sabía que el enemigo haría todo lo posible por destruirnos a todos... pero el Señor tenía un plan en marcha. Antes de que el tiempo comenzara determinó que Cristo vendría y moriría por ti y por mí, que resucitaría, y que Satanás y todas sus huestes demoníacas tendrían una derrota definitiva y ruinosa. Si Satanás hubiera entendido que crucificar a Jesús era el plan de Dios desde el principio, habría hecho todo lo posible por impedirlo. En vez de susurrar el nombre de Barrabás en las mentes de la multitud sedienta de sangre reunida frente a Pilato habría susurrado el nombre de Jesús.

Satanás es un enemigo derrotado, y las arenas del tiempo se le están acabando... y él lo sabe. ¿Qué le queda? Solo sus mentiras, su odio y un número limitado de días que únicamente Dios conoce.

Sin embargo, *derrotado* no significa «destruido», y los ataques del diablo aún golpean con gran eficacia. *Derrotado* nos habla de que sus días están contados, pero mientras aún le quede un día, no somos inmunes a sus ataques. Con todo, Dios nos ha dado una clara instrucción en su Palabra en cuanto a cómo debemos vivir en estos días.

Mantente firme

Demasiado a menudo olvidamos las muchas amonestaciones de Pablo con relación a tener cuidado del enemigo y mantenernos alerta ante sus ataques. Cada día de nuestras vidas Satanás anda alrededor de este planeta, deseando hacer caer a los hijos de Dios más que cualquier otra cosa. Nuestros ojos no pueden ver la asombrosa intensidad de la batalla que ruge a nuestro alrededor. Por eso Pablo nos anima a estar firmes y recordar que Dios no nos ha dejado indefensos:

> Por último, fortalézcanse con el gran poder del Señor. Pónganse toda la armadura de Dios para que puedan hacer frente a las artimañas del diablo. Porque nuestra lucha no es contra seres humanos, sino contra poderes, contra autoridades, contra potestades que dominan este mundo de tinieblas, contra fuerzas espirituales malignas en las regiones celestiales. (Efesios 6.10–12)

Este capítulo prometió un desvío del miedo a la alegría, pero quizás no captes aún cómo esto es posible. Podrías objetar: «Si nuestro enemigo todavía tiene poder, aunque limitado y restringido por Dios, ¿cómo puedo conocer el gozo ahora? ¿Tal vez este gozo pertenezca a una época futura desprovista de la presencia del diablo?». Lo que Pablo nos está diciendo en el pasaje anterior es que quizás deberíamos tener miedo si nos hubieran dejado indefensos, pero no es así. Él escribió: «Por lo tanto, pónganse toda la armadura de Dios, para que cuando llegue el día malo puedan resistir hasta el fin con firmeza». Esa es la promesa: ¡Debes resistir con firmeza! (Lee Efesios 6.13–17 para obtener una lista detallada de la armadura.)

Así es, el enemigo rugirá y tronará sobre nuestras vidas, pero un rayo de Dios en la cruz les propinó un golpe fatal tanto al temor y como a la muerte.

Exactamente antes de su arresto, Jesús les dijo a sus afligidos seguidores: «También vosotros ahora tenéis tristeza; pero os volveré a ver, y se gozará vuestro corazón y *nadie os quitará vuestro gozo*» (Juan 16.22, rvr60, cursivas añadidas). Aquí Cristo está hablando del gozo de la resurrección. Sí, perderemos algunas batallas en esta tierra, pero ya que Cristo no es un líder muerto, sino un Salvador resucitado, tenemos un gozo que nadie nos puede robar. Nuestra felicidad está afectada por nuestras circunstancias, pero nuestro gozo está asegurado en Cristo.

La resurrección de Jesús no solo les daría a sus seguidores la capacidad de vivir con gozo en esta época *actual*, sino que el Señor también oró a fin de que pudiéramos experimentar la *misma* clase de gozo que él. ¡Increíble! Escucha su oración en el aposento alto:

«Pero ahora voy a ti; y hablo esto en el mundo, para que tengan mi gozo cumplido en sí mismos». (Juan 17.13, rvr60)

¿Cómo podemos tener «cumplido» dentro de nosotras el gozo de Cristo? Primero, debemos entender que el gozo es mucho más grande que la felicidad. La alegría puede ir y venir en un momento, pero el gozo que Cristo tenía y nos promete es una convicción profundamente arraigada de que al final ganamos, aunque tengamos que sufrir aquí en la tierra.

Sí, enfrentaremos algunas tormentas difíciles que quizás desplacen la felicidad por un tiempo, pero que no podrán robarnos el gozo que la cruz declara: ¡él ha resucitado! Aún tendremos miedo en ocasiones, sin duda. Sin embargo, cuando siento que el nubarrón del temor empieza a moverse encima de mí, recuerdo las palabras de Cristo a María en la mañana de la resurrección: «¿A quién buscas?». Esto podría parecer obvio, pero en realidad es una pregunta que cambia vidas.

Cuando tienes miedo por tus hijos, ¿a quién buscas?

Cuando temes lo que podría ocurrirle a la economía de nuestro país, ¿a quién buscas?

Cuando recibes un diagnóstico que no veías venir, ¿a quién buscas?

La presencia del Cristo resucitado lo cambia todo. ¡Podemos perder algunas batallas a lo largo del camino, pero ganamos la guerra, muchachas! Cualquier cosa que el enemigo pueda lanzarnos en el rostro tiene una vida útil *muy* corta. Su «fecha de caducidad» casi ha expirado.

¿Puedes captar esta gloriosa verdad?

Muchos momentos en la tierra destrozarán nuestros corazones. En esta vida tendremos que usar muchos calificativos que nunca elegiríamos para nosotras. Sin embargo, no olvides que *ninguno* de ellos es eterno. En la gloriosa y perpetua línea del tiempo de Dios, lo que nos sucede a lo largo de toda nuestra vida no es más que «por una temporada». Esa es una segunda clave para experimentar gozo en esta tierra.

Podrías tener cáncer por un tiempo; no lo tendrás eternamente.
Podrías perder un hijo por una temporada; no lo has perdido eternamente.
Katie pudo haber perdido a su madre durante una etapa; no la ha perdido eternamente.

Martín Lutero captó esta noble verdad de manera profunda en su gran himno «Castillo fuerte»:

> Y si demonios mil están
> Prontos a devorarnos,
> No temeremos, porque Dios
> Sabrá cómo ampararnos.
> ¡Que muestre su vigor
> Satán, y su furor!
> Dañarnos no podrá,
> Pues condenado es ya
> Por la Palabra Santa.
> Esa palabra del Señor,
> Que el mundo no apetece,
> Por el Espíritu de Dios
> Muy firme permanece.
> Nos pueden despojar
> De bienes, nombre, hogar,
> El cuerpo destruir,
> Mas siempre ha de existir
> De Dios el Reino eterno.

El reino de Dios y su alegría perduran para siempre. El salmista escribió: «Si por la noche hay llanto, por la mañana habrá gritos de alegría» (Salmos 30.5). Y la mañana del reino final de Dios no tiene fin.

Tú me levantas

Algunos meses después del funeral de Mary Katherine, me hallaba hablando en una iglesia en Colorado Springs e invité a Katie a pasar conmigo el día como mi invitada. Deseaba saber cómo le estaba yendo ahora que toda la prensa se había ido y la vida para los demás había vuelto a la normalidad. Obviamente, ella aún tenía el corazón destrozado por el brutal asesinato de su madre, pero lo que vi ese día en los ojos de Katie fue una alegría confiada al saber que lo que Satanás intentó para mal, Dios lo había usado continuamente para bien. «Mamá quería que su vida causara una influencia positiva. ¡Solo que ella no sabía que esta influencia iba a ser tan grande! Las personas todavía están hablando de su funeral».

Mientras escribo tengo frente a mí el sencillo orden del funeral de ese día lunes 1 de octubre de 2012. Lo último escrito proviene del salmo 23. Una línea en particular resalta: «Aun si voy por valles tenebrosos, no temo peligro alguno porque tú estás a mi lado».

Jesús no te promete una vida siempre feliz, pero sí te promete una profundidad de gozo igual a la suya... que es muy grande.

Aunque sufrirás pérdida en esta vida, esa pérdida es *temporal*.

¡Aún no estamos en casa, querida amiga, pero pronto un día lo estaremos! Así que memoriza este versículo y mantenlo en lo profundo de una grieta de tu corazón, donde no se lo lleven los vientos de las circunstancias.

La paz les dejo; mi paz les doy. Yo no se la doy a ustedes como la da el mundo. No se angustien ni se acobarden. (Juan 14.27)

PERMANECE FIRME EN MEDIO DE TU TORMENTA

Llegarán momentos en la vida en que se te pedirá que andes por un valle tenebroso. Enfrentarás situaciones donde el temor amenace con paralizarte. En esos momentos debes hacer cuatro cosas:

1. Hallar un lugar donde puedas estar a solas con Jesús.

2. Escucharlo declarar estas palabras que les dijo a sus más íntimos amigos justo antes de su arresto: «La paz les dejo; mi paz les doy. Yo no se la doy a ustedes como la da el mundo. No se angustien ni se acobarden» (Juan 14.27).

3. Cuando la tormenta interior parezca estar lista para consumirte, recuerda que aquel que calma la tormenta está muy vivo y se encuentra contigo.

4. Cuando el cielo esté oscuro y luches por ver, escucha a Cristo preguntándote: «¿A quién buscas?». Y responde con alegría: «A ti, Señor. Estoy buscándote a ti».

Señor Jesucristo:
   Nunca sabré todo lo que enfrentaste en esa horrenda cruz, pero te agradezco por tomar mi lugar para que yo pueda ser libre. Gracias por derrotar al enemigo. Gracias porque solo tú tienes las llaves de la muerte y el infierno. Enséñame a encontrarte cuando el miedo me oscurezca el corazón de modo que tu gozo sea mi fortaleza.
   Amén.

CAPÍTULO SIETE

DE MALTRATADAS A HERMOSAS

DE LA INSEGURIDAD A LA CONFIANZA

No me gusta la idea de que soy solo alguna clase de muñeca rusa de esas que se guardan una dentro de otra con la más grande afuera y, agitándose inevitablemente dentro de todas las capas, un pequeño trozo de madera con rostro es la verdad acerca de mí.

—WENDY MCCLURE, *I'M NOT THE NEW ME*

Si alguien piensa que está firme, tenga cuidado de no caer. Ustedes no han sufrido ninguna tentación que no sea común al género humano. Pero Dios es fiel, y no permitirá que ustedes sean tentados más allá de lo que puedan aguantar. Más bien, cuando llegue la tentación, él les dará también una salida a fin de que puedan resistir.

—1 CORINTIOS 10.12–13

 menudo los entrevistadores me hacen dos pedidos que lucho por satisfacer.

«Cuéntanos algo chistoso que te haya ocurrido en el escenario».

«Dinos algo acerca de ti que no conozcamos».

131

En cuanto a lo primero, bueno... definamos qué es *chistoso*. Lo que podría parecerle chistoso a una persona puede ofender o molestar a otra. Durante una entrevista en vivo por la radio, alguien me hizo la primera solicitud y mi mente quedó completamente en blanco. El entrevistador pareció no tener deseos de rescatarme y simplemente esperó a que yo desenterrara algún momento hilarante del camino de mi vida. A nadie le gusta el tiempo muerto en la radio, así que revisé frenéticamente los archivos en mi mente, como alguien culpable citado por el Servicio de Impuestos Internos para hacerle una auditoría. Al final recordé algo y lo conté.

«Una vez un pájaro quedó atrapado en un ventilador por encima de mí en el escenario y pedazos de alas, patas y plumas me cayeron en la cabeza. Eso fue bastante... chistoso».

Al parecer no fue así. Resulta que ese «tiempo muerto» puede volverse aun más muerto.

La segunda y más retadora solicitud vino más recientemente.

«Sheila, dinos algo acerca de ti que nuestra audiencia no sepa».

Ya que esta vez me encontraba en la televisión, al menos pude ocupar el silencio aparentando reflexionar con cuidado en la pregunta. En realidad, varios pensamientos se agolparon en mi cabeza.

Me pregunto si hay un Starbucks cerca de aquí.
Me pregunto si la historia del pájaro funcionaría mejor en televisión.

Sin embargo, algo más se me escapó de la boca: «Hablo para mí misma. Hablo mucho para mí misma». No estoy segura de que esa fuera la clase de revelación que el entrevistador buscaba, pero al menos tenía el mérito de ser verdad.

Sí, hablo mucho para mí misma, y no solo mentalmente. Hablo en voz alta. Esta es una razón de que me guste tener mascotas, porque cuando recorro la calle con mis perros, los espectadores suponen que estoy hablándoles a los animalitos, aunque en realidad hablo para mí misma. Mi esposo tardó un poco en acostumbrarse a esta peculiar característica personal. Se pasaba todo el tiempo tratando de unirse a esta conversación privada, lo que al final nos confundía a ambos. Se trata de algo que es para mí, para mí misma, y no me gusta que me interrumpan.

Bueno, permíteme aclarar el asunto (antes de que sugieras que aumente mi medicación). No hago esto todo el tiempo. Solo cuando estoy tratando de procesar algo. Me ayuda a pensar con más claridad. Si tengo un día muy atareado camino por la cocina diciendo: «Muy bien, saca primero a los perros, luego ve a la tienda de abarrotes y la oficina postal. No, no hagas eso. Deja la tienda de último o el helado se derretirá». ¿Captas la idea?

Tal vez no hables en voz alta para ti, pero todos tenemos conversaciones en nuestras cabezas. Podrías estar almorzando con una amiga a quien no habías visto en mucho tiempo, y mientras el sol amenaza con cegarte al reflejarse en su cabello color rojo fuego, es posible que una pequeña plática esté teniendo lugar en tu interior. Quizás necesites un poco de charla contigo misma antes de que puedas entrar a esa reunión de trabajo y dar tu informe. Algunas de tus conversaciones internas podrían ser muy agradables cuando te paras frente a un espejo y te admiras en tu nuevo traje. (Es evidente que eso nunca se aplica a los trajes de baño.)

Sin embargo, también sé que algunos de nuestros monólogos internos son muy devastadores y feos.

¿Por qué te comiste eso? ¡Estás gordísima!
No puedes usar eso... ¡te ves horrible!
¿Por qué dijiste eso?
No pertenezco aquí.
Ella no me gusta.
¿Por qué mi esposo la está mirando?

Un flujo incesante de comentarios negativos inunda nuestros corazones y mentes. Piensa en la última vez que te miraste en uno de esos terribles espejos de aumento. ¿Qué pensamientos acudieron al instante a tu mente? ¿Los clasificarías como muy positivos o casi siempre negativos?

Parece que tuviéramos un deseo innato de denigrarnos. ¿Has notado cómo tendemos a responder incluso a los elogios?

«¡Me encanta tu vestido!».

«*¿Qué? ¿Este trapo viejo?*».

«¿Te hiciste algo nuevo en el cabello? Se ve fabuloso».

«*¡Tuve que cubrirme las canas!*».

«¡Qué tierno es tu hijo!».

«*¡Deberías verlo en casa!*».

Este patrón de desviar los elogios puede llegar a estar tan arraigado que ni siquiera lo reconozcas. He trabajado con el mismo equipo de producción en los eventos que celebramos en los estadios por varios años. Un viernes por la noche, después de haber dado una charla, subí al autobús del equipo de vuelta al hotel con un par de camarógrafos y el grupo de adoración. Cuando una de las chicas pasó a mi lado para buscar un asiento, comentó cuánto había disfrutado mi mensaje. Le agradecí y al azar hice un comentario «chistoso».

—¿Por qué siempre haces eso? —me preguntó inmediatamente el camarógrafo sentado detrás de mí.

—¿Hacer qué? —inquirí.

—Cada vez que una mujer te dice que Dios te usó o que tu mensaje la conmovió, tú encuentras un modo de despreciar el elogio —declaró.

Su comentario dio en el blanco; la verdad tiene una cierta manera de hacer eso. Me di cuenta de que siempre me ha resultado muy difícil aceptar palabras que me afirmen personalmente. Algo de eso proviene de haberme criado en Escocia, una cultura que considera al estímulo y la afirmación como una forma leve de veneno. *¡Se te podría subir a la cabeza!*

No obstante, la mayor parte del problema la puedo rastrear hasta una convicción que se formó cuando tenía seis años. Me creía esencialmente *mala*. Siempre que alguien me decía algo amable o afirmador, despreciaba el comentario. Razonaba que esa persona simplemente no me conocía lo suficiente bien para ver la realidad, que no sabía quién era la *verdadera yo*.

Antiguas heridas infligidas de nuevo

¡Cuán duras podemos ser con nosotras mismas! Algunas de las dagas verbales que atraviesan nuestros corazones provienen de heridas sufridas hace mucho tiempo. Si no las tratamos, nos perseguirán por años, y con facilidad volverán a infligirse a otros.

En un reciente vuelo a casa luego de dar una conferencia casi me desquicio con una madre sentada al otro lado del pasillo. Su hijo pequeño parecía tener cinco años de edad. Cinco veces ella le llamó «estúpido» a este querido pequeñito. Las sentí entrar como puñaladas. En un momento coloqué mi mano sobre su brazo y le pregunté si podía conseguirle algo, pero la mujer simplemente enfiló su furia interior en mi dirección. Me silenció con una mirada fría y dura.

El corazón me dolió por ese pequeño niño, y sinceramente también por la mujer. ¿Qué le había ocurrido? La tormenta que rugía en su interior era mortal. Solo me pude imaginar el daño que ella ya había causado en este tierno corazón. ¿Estaba simplemente aplastándolo con el mismo torrente que la había golpeado cuando era niña? ¿Cómo se sentiría por dentro este pequeño: sin valor, sin amor y avergonzado hasta la médula? Oré por él. Imaginé cómo sería su futuro apartado de la gracia y la misericordia de Dios (y de alguna buena consejería).

Las palabras cortan intensamente, y ninguna puede cortar más profundo que las de un padre. He hablado con hombres adultos bendecidos con carreras exitosas que aún oyen esas palabras de muerte que se han repetido en sus cabezas en el pasado por décadas y hasta por medio siglo. *¡Eres un estúpido! Te ves muy torpe. Nunca llegarás a nada.*

Una amiga mía ha disfrutado de un gran éxito como conferencista y maestra. Todos sus alumnos la aman; en realidad, tienes que inscribirte temprano para asegurarte un lugar en sus clases. Todos la consideran una mujer perspicaz, sofisticada y elegante; pero durante toda su vida ha cargado con las terribles palabras que oyó de su padre cuando era niña: «No eres hermosa, aunque eres inteligente». ¿Cómo hace sentir eso a una mujer? En una cultura que le da mucho valor a la imagen, esto le comunicó a mi amiga algo así: «Es mejor que seas buena en lo que haces, porque eso es todo lo que tienes para ofrecer».

He luchado con asuntos relacionados con la autoimagen toda mi vida. Tuve mi primer verdadero novio a los dieciséis años. Me sentí muy emocionada de que alguien tan popular como él eligiera a alguien como yo. Sin embargo, la idea del muchacho en cuanto a lo que significaba tener una novia resultó completamente distinta a la mía. En una fiesta de cumpleaños de uno de nuestros compañeros de clase, mi novio intentó desabotonarme la blusa. Lo rechacé horrorizada, y él me abandonó esa noche como a un pedazo de basura. Al día siguiente había corrido la voz por todas partes del colegio de que yo era, según sus propias palabras, «una monjita frígida». Me sentí humillada. Parecía como si adondequiera que fuera las personas estuvieran hablando de mí en pequeños grupitos.

Escocia dejó hace tiempo de ser una nación temerosa de Dios; es más, menos del dos por ciento de nuestra población asiste aún a la iglesia. Incluso en aquel entonces, era la única en mi clase del colegio que reconocía en público una relación con Cristo. Sabía que muchos de mis amigos y compañeros de clase encontraban divertido el hecho de que «Sheila ama a Jesús», pero el incidente en la fiesta se convirtió en el voto decisivo que me aisló por completo. No iba a sobrevivir. Era diferente, y ser diferente no era bueno.

No me molestó tanto que este chico me hubiera abandonado por negarme a acceder a sus furiosos deseos hormonales. Como seguidora de Cristo, me importaba mi comportamiento. Lo que me lastimó profundamente fue la mirada en sus ojos y en los de muchos otros. Todos me enviaron el silencioso mensaje: *no perteneces aquí y nunca lo harás*.

¿Dónde te sientes insegura?

Dedica un poco de tiempo a reflexionar en tu propia vida. ¿Has tenido algunos momentos como el que acabo de describir?

La infancia ofrece muchas oportunidades para recibir heridas profundas. Podemos pasar la mayor parte de nuestros años escolares esquivando una serie de minas emocionales que amenazan con detonar y devastarnos. En Escocia participábamos en un juego llamado Martín Pescador. El juego comenzaba con dos líderes que anunciaban los nombres de aquellos a los que querían unir a su equipo.

«Pase, pase, quién podrá, ¡pero Sally quedará!».

Este proceso continúa hasta que todos hayan sido elegidos. Sin embargo, la última persona no tanto escogida como impuesta al equipo, ya que era la única que quedaba, el residuo, la inoportuna.

Lo peor de lo peor
No deseada
No amada
No elegida

Algunos momentos de la infancia nos dejan con una leve cojera, pero otros se sienten tan devastadores que nos dejan lisiadas.

El National Center for Victims of Crime [Centro nacional para víctimas del crimen], el recurso principal de la nación y la organización de defensa para víctimas de delitos, informa algunas estadísticas muy inquietantes acerca de Estados Unidos.

- Una de cada cinco niñas y uno de cada veinte niños es víctima de violación sexual infantil.
- Veintiocho por ciento de estadounidenses jóvenes entre catorce y diecisiete años de edad han sido victimizados sexualmente.
- Los niños entre siete y trece años son los más vulnerables a la violación sexual. Tal vez lo más trágico de todo es que tres de cada cuatro de las víctimas fueron abusadas por alguien que conocían y en quien confiaban.
- Los niños que sufren abuso sexual son trece veces más propensos a experimentar violación o intento de violación en el primer año de universidad.

- Las víctimas infantiles de una violación sexual prolongada casi siempre desarrollan sentimientos de inutilidad. Muchos se suicidan.[1]

¿Sorprende que nuestra nación esté sumida en problemas? Vivimos al borde de un volcán y podemos sentirlo retumbando justo por debajo de la superficie. Una vez escribí en mi diario con respecto a esta imagen perturbadora:

> Al borde de un volcán
> He vivido por muchos años
> Parece ahora que el lejano estruendo me resuena cada vez con más
>   fuerza en los oídos
> He intentado alejarme de trozos fragmentados del pasado
> Pero sus aristas me desgarran los pies como cristales rotos
> He intentado aventar los pensamientos inquietantes más allá del
>   alcance del hombre
> He intentado quemar mis puentes, pero lo único que se ha quema-
>   do es mi mano
> He tratado de meter las cosas debajo de la alfombra esperando que
>   desaparezcan
> Sin embargo, sé que cualquier día perderé el aplomo.[2]

No importa qué tan «realizados» parezcamos o cuán ricos y famosos podamos llegar a ser, el lejano estruendo angustia a cada persona.

Las voces más fuertes a veces ocultan los espíritus más destrozados.

Los individuos más iracundos a veces son los más asustados.

Los más tranquilos a veces tienen mucho qué decir, pero permanecen callados porque aún oyen a padres y maestros gritándoles que se callen.

Me gustaría que fuera diferente en la iglesia. Demasiado a menudo no lo es.

En enero del año 2013, la escritora y maestra Lysa TerKeurst y yo ofrecimos una transmisión en vivo vía Internet titulada «Cómo acallar tu charla interior negativa». Yo no estaba muy segura de qué era una «transmisión en vivo vía Internet», así que Lysa me explicó pacientemente que nos sentaríamos en la plataforma de una iglesia en Carolina del Norte, la base de operaciones de su ministerio. Impartiríamos nuestra enseñanza frente a una cámara y las mujeres de todo el país podrían conectarse por medio de sus computadoras y vernos en vivo. También podrían hacernos preguntas a través de Facebook y Twitter que contestaríamos al aire. Las mujeres podrían ver la transmisión en línea de forma gratuita, pero tendrían que registrarse con anticipación para obtener el acceso. Esto nos indicaría además cuántas espectadoras se nos habían unido. No tenía idea de cuántas esperar, pero ni Lysa ni yo anticipamos las más de cincuenta mil mujeres que se registraron esa noche y para la repetición al día siguiente. Era evidente que el título había tocado fibras sensibles.

Las mujeres por lo general consideran la «charla interior negativa» como un gran problema, pero también lo creen así las mujeres que aman a Cristo. Aunque las cristianas expresamos nuestra creencia en el intenso amor de Dios, por dentro nos sentimos destrozadas. Muy a menudo permitimos que el fuerte gemido de lo que sentimos ahogue la verdad de lo que creemos.

Cuando no estamos seguras de la verdad, culpamos a toda clase de cosas por cómo nos sentimos en nuestro interior. O al menos las responsabilizamos. De todos los problemas con los que luchamos, ¿por qué crees que este único, la inseguridad, parezca tan esencial y difícil de erradicar? Tal vez se deba a que nuestra seguridad fue lo primero que cayó en el jardín.

Descenso de la confianza

Aunque es probable que hablemos más de vergüenza que de inseguridad, esta le abrió la puerta a la vergüenza. Adán y Eva fueron los primeros que debieron tratar con esta fea invasión. Se escondieron porque se sintieron inseguros.

Así que tomó de su fruto y comió. Luego le dio a su esposo, y también él comió. En ese momento se les abrieron los ojos, y tomaron conciencia de su desnudez. Por eso, para cubrirse entretejieron hojas de higuera. (Génesis 3.6–7)

El enemigo lo vio todo. Vio el descenso de Adán y Eva de la tranquila confianza en el amor y la amistad de Dios a la abierta herida del alma que los hizo esconderse. El arma de Satanás funcionó a la perfección en el jardín y hoy en día sigue funcionando igual de bien.

Por tanto, ¿qué vamos a hacer al respecto?

Solo una cosa puede ayudarnos. Debemos reemplazar las mentiras que hemos creído por la verdad de lo que Dios dice que somos.

Pablo llega al corazón del asunto de la inseguridad en Romanos 5:

A la verdad, como éramos incapaces de salvarnos, en el tiempo señalado Cristo murió por los malvados. Difícilmente habrá quien muera por un justo, aunque tal vez haya quien se atreva a morir por una persona buena. Pero Dios demuestra su amor por nosotros en esto: en que cuando todavía éramos pecadores, Cristo murió por nosotros. Y ahora que hemos sido justificados por su sangre, ¡con cuánta más razón, por medio de él, seremos salvados del castigo de Dios! Porque si, cuando éramos enemigos de Dios, fuimos reconciliados con él mediante la muerte de su Hijo, ¡con cuánta más razón, habiendo sido reconciliados, seremos salvados por su vida! Y no sólo esto, sino que también nos regocijamos en Dios por nuestro Señor Jesucristo, pues gracias a él ya hemos recibido la reconciliación. (vv. 6–11)

¡Me encantan varios aspectos de este pasaje! Me gusta que reconoce la verdad de quiénes somos sin Cristo: pecadores indefensos. Antes de poder aceptar las buenas nuevas del amor de Dios tenemos que tratar con la verdad de quiénes somos sin él. Sin embargo, ya que nuestra cultura considera tan impopular esa verdad, con mucha frecuencia en la iglesia le restamos importancia. Aunque es mi deseo que la iglesia estableciera la norma para lo que se vuelve popular en nuestra cultura, por lo general se da lo contrario. Y de modo parecido, las cosas impopulares en nuestra cultura tienden a volverse impopulares en nuestras iglesias.

Un amigo mío atrajo mi atención hacia un artículo que apareció recientemente en su periódico local con el título «Justo a tiempo para la Cuaresma: un nuevo sentido del pecado». Allí se informaba cómo John Frohnmayer, antiguo director del Fondo Nacional para las Humanidades, sugirió reemplazar los antiguos «siete pecados capitales» por una lista moderna que según él encaja mejor en nuestra cultura. Por supuesto, la antigua lista nunca tuvo la autoridad de la inspiración divina, sino provino de la pluma de un monástico del siglo catorce. No obstante, encontré que la lógica de Frohnmayer para «actualizar» la antigua lista era tanto fascinante como preocupante.

Aunque él admite que el sentido original de la palabra *pecado* describe algo que ofende a Dios, sostiene que «el pecado, o como quieras llamarlo, es ahora realmente mucho más importante si ofende más a la sociedad que a un poder superior». Como consecuencia, para Frohnmayer el orgullo es sano, la envidia es positiva (porque nos inspira a hacer mejor las cosas), y «sin lujuria, la humanidad estaría frita».[3]

La arrogante conclusión de su razonamiento básicamente es: «Lo siento, Dios, estás pasado de moda».

Para nuestro propio dolor, con frecuencia permitimos que las voces populares de nuestra cultura ejerzan una influencia indebida en los creyentes. Por consiguiente, ya que el amor está «de moda», pero el pecado es «obsoleto», en nuestras iglesias hablamos incesantemente de un Dios de amor, aunque difícilmente mencionamos alguna vez cuánto odia el pecado.

Sí, lo *odia*.

La Palabra de Dios no se avergüenza de eso. Incluso publica una lista de los siete aspectos que Dios más odia (Proverbios 6.16–19).

Desde luego que el asunto va mucho más allá de redefinir el pecado. Permitimos que las voces culturales «populares» nos digan cómo lucir, qué tipo de ropa usar, qué profesiones deberían elegir nuestros hijos, dónde vivir y muchas otras cosas.

Permíteme preguntarte: ¿quieres disfrutar de una tranquila confianza en Dios? De ser así, entonces debes resistir las ridículas tonterías con que los medios de comunicación nos alimentan cada día.

No tienes que usar talla ocho para ser feliz.
No necesitas estar a la última moda para tener valor.
Tus hijos *no* tienen que sacar las mejores notas para que seas buena madre.

Pablo declaró en Romanos 5 la simple verdad de que incluso antes de que conociéramos el amor de Dios, Cristo murió por nosotras. Lo hizo no porque nos lo hubiéramos ganado, sino porque nos ama.

Somos justificadas ante Dios, no porque sigamos una lista de «Veinte cosas que debes hacer para convertirte en una mujer piadosa», sino debido a la sangre derramada de Cristo.

¿Parece demasiado simple? Tal vez. Sin embargo, de alguna manera fallamos en entender la profundidad de la declaración y por tanto batallamos con su verdad. Reflexiona en ello. Cuando te levantas en la mañana, piensas: *¡ah, me siento tan feliz de que Dios me ame simplemente porque Jesús murió por mí! ¡Esto va a hacer que mi día sea mucho más fácil!*

Si eres como yo, es probable que ese no sea tu primer pensamiento.

Cuando has tenido un mal día y les gritas a tus hijos o llamas a tu esposo con un nombre que no se halla en el Nuevo Testamento, ¿es tu primer pensamiento: *bueno, me equivoqué, pero gracias a Dios que su amor no se basa en mi comportamiento, sino en la obra terminada de Cristo?*

Otra vez, probablemente no es así.

La mayoría de nosotras luchamos con esto. En toda relación que tenemos en la tierra (con nuestros padres, hermanos, compañeros de colegio, amigos en la universidad, compañeros de trabajo, esposos e hijos) recibimos ideas en cuanto a lo bien o mal que nos hemos desempeñado. Toda crítica nutre la inseguridad que ya sentimos. Sé que esto se aplica a mi propia vida. Si he hablado con dos mil mujeres que recibieron con gusto mi mensaje, pero una me dice que esperaba algo un poco más profundo... eso es todo lo que necesito oír para que la tormenta de la inseguridad empiece.

¡Debiste haber empleado más tiempo en la preparación!
¡Simplemente no eres buena maestra!
Quizás ya no deberías hacer esto.

Es ridículo que un comentario de alguien pueda llevarme de una confianza profunda y tranquila en Dios a un abismo de dudas. Un comentario poco amable o hasta ligeramente crítico de una mamá a otra puede hacer que la más confiada de las madres crea que es un fracaso. Puesto que esa es la dura y continua realidad de la vida en esta tierra, nos resulta difícil recibir de manera gratuita el amor y la misericordia de Dios. El mismo hecho de que el Señor no requiera de nosotras más que fe y confianza va contra nuestros frágiles corazones. Nuestro mundo sobrevive por comparación. Es decir, por la forma en que juzgamos.

¿Es este teléfono mejor que ese?
¿Es esta falda más favorecedora que esa otra?
¿Se portan mejor sus hijos que los míos?

El diálogo interno continúa sin parar, y cuando creemos que no hemos cumplido bien, se levantan las olas de la inseguridad.

Sin embargo, creer es una decisión. Si esperas hasta «sentirte» digna del amor de Dios, te morirás esperando. Debemos recibir por fe la verdad de que Cristo ya nos ha hecho dignas.

El ejemplo de Abraham

Abraham le *creyó* a Dios, y el Señor contó su fe como justicia. La Biblia no dice que Dios declarara justo a Abraham porque el hombre hiciera muchas cosas bien. Escucha lo que Pablo dice con respecto a Abraham, el gran padre de nuestra fe:

En realidad, si Abraham hubiera sido justificado por las obras, habría tenido de qué jactarse, pero no delante de Dios. Pues ¿qué dice la Escritura? «Le creyó Abraham a Dios, y esto se le tomó en cuenta como justicia». (Romanos 4.2–3)

Un poco más adelante en el pasaje, Pablo explica aun más esa verdad (también nos incluye en la imagen).

Ante la promesa de Dios no vaciló como un incrédulo, sino que se reafirmó en su fe y dio gloria a Dios, plenamente convencido de que Dios tenía poder para cumplir lo que había prometido. Por eso se le tomó en cuenta su fe como justicia. Y esto de que «se le tomó en cuenta» no se escribió sólo para Abraham, sino también para nosotros. Dios tomará en cuenta nuestra fe como justicia, pues creemos en aquel que levantó de entre los muertos a Jesús nuestro Señor. Él fue entregado a la muerte por nuestros pecados, y resucitó para nuestra justificación. (Romanos 4.20–25)

Pablo empieza justo donde se inició la ruptura, donde la inseguridad comenzó a correr por nuestras venas. Y nos lleva a lo que somos en Cristo... si tan solo creemos.

Por tanto, así como una sola transgresión causó la condenación de todos, también un solo acto de justicia produjo la justificación que da vida a todos. Porque así como por la desobediencia de uno solo muchos fueron constituidos pecadores, también por la obediencia de uno solo muchos serán constituidos justos. (Romanos 5.18–19)

Si estás pensando: *Sheila, esto parece más un sermón sobre la justificación por fe que un capítulo que se enfoca en mi inseguridad,* me gustaría pedirte que replantees nuestro debate. Piénsalo de este modo: aunque la inseguridad nos dice que *no* somos justas, la justicia de Cristo nos *hace* justas.

Esa es una realidad bíblica, aunque no siempre la entendamos. El patriarca tenía total confianza en que Dios haría lo que prometió, no lo que Abraham había prometido. En realidad, uno de los encuentros más hermosos que alguna vez se llevó a cabo entre Dios y Abraham hizo de esta realidad algo cristalino, y esto no sucedió en una época de gran fe, sino en una de gran cuestionamiento.

Abram (Dios aún no le había cambiado el nombre por Abraham) quería un hijo más que cualquier otra cosa. En esos días un hombre sin hijos le dejaría toda su riqueza a un siervo confiable (Génesis 15). Con total sinceridad, Abram le dijo a Dios que no entendía qué significaba que lo llamara «bendecido», puesto que no tenía un hijo. Dios no reprendió a Abram por su insolencia. Al contrario, lo llevó fuera de la tienda bajo la gran bóveda celestial e hizo que dirigiera su atención hacia la Vía Láctea. ¿Puedes imaginarte cuán asombrosos debieron haberse visto esos cielos sin una sola bombilla eléctrica encendida en todo el mundo?

Dios le preguntó a Abram si podía contar las estrellas.

Abram sabía que no podía hacerlo. Nadie podría.

Entonces Dios le dijo a Abram que su descendencia sería superior al número de estrellas.

Y aunque no tenía hijos en absoluto, Abram le creyó a Dios.

Leemos: «Abram creyó al Señor, y el Señor lo reconoció a él como justo» (Génesis 15.6).

Ahora bien, si la historia terminara allí, podrías tener la tentación de decir: «Bueno, tienes que darle mérito al viejo Abram. Él realmente tuvo mucha fe». Sin embargo, debemos seguir leyendo los dos versículos siguientes.

> Además, le dijo: «Yo soy el Señor, que te hice salir de Ur de los caldeos para darte en posesión esta tierra». Pero Abram le preguntó: «Señor y Dios, ¿cómo sabré que voy a poseerla?». (vv. 7–8)

Quizás tu vida espiritual constituya uno de los más grandes aspectos de tu inseguridad. Cuestionas el nivel de tu fe, comparándote constantemente con otros que se apropian de las promesas de Dios. Si eso es cierto, eres como Abram. Él le creyó a Dios, pero aun así cuestionó cómo se cumpliría tal promesa. La razón de que cuestionara a Dios, y la razón de que nosotras también lo hagamos, se debe a que nos conocemos. Conocemos nuestras limitaciones y la errónea fragilidad de nuestra condición humana. No obstante, Dios estaba a punto de mostrarle a Abram que la razón para tener confianza no tenía absolutamente nada que ver con él como simple mortal.

Dios eligió este momento en la historia para hacer lo más asombroso y extraordinario. Parecerá un poco extraño al principio, pero espera. ¡Se trata de una noticia *muy* buena para nosotras!

> El Señor le respondió: «Tráeme una ternera, una cabra y un carnero, todos ellos de tres años, y también una tórtola y un pichón de paloma». Abram llevó todos estos animales, los partió por la mitad, y puso una mitad frente a la otra [...] Al anochecer, Abram cayó en un profundo sueño, y lo envolvió una oscuridad aterradora [...] Cuando el sol se puso y cayó la noche, aparecieron una hornilla humeante y una antorcha encendida, las cuales pasaban entre los animales descuartizados. En aquel día el Señor hizo un pacto con Abram. (vv. 9–10, 12, 17–18)

Si eres como yo, tal vez tengas una reacción visceral contra historias como esta. ¡No tengo ningún deseo de matar una cabra y cortarla por la mitad!

Todavía me estremezco cuando Christian y yo tiramos de la horquilla reseca de nuestro pavo de Navidad para ver quién obtiene la parte más grande.

La palabra hebrea más común para «hacer» un pacto es *karat*, o «cortar» un pacto. En la época de Abraham existían varios tipos de pactos, entre ellos uno formalizado por comer juntos (pactos de «pan» o de «sal»). Sin embargo, el más vinculante de todos los pactos era el de sangre, formalizado al pasar a través de las mitades divididas de los animales sacrificados.

Dios hizo exactamente esta clase de pacto con Abram. La hornilla humeante y la antorcha encendida simbolizaban la presencia de Dios. No obstante, el Señor alteró una parte de la ceremonia acostumbrada.

Normalmente, ambas partes pasaban juntas a través de los cadáveres de los animales, pero en este pacto con Abraham, Dios pasó a través de los sacrificios sangrientos solo. El comentarista David Baron explica por qué:

> Según la manera del antiguo Oriente de hacer un pacto, las dos partes contratantes pasaban a través de las piezas divididas de los animales muertos, simbolizando así que comprometían sus propias vidas en el cumplimiento del pacto que hacían (véase Jeremías 34.18, 19). Ahora en Génesis 15, solo Dios, cuya presencia estaba simbolizada por la hornilla humeante y la antorcha encendida, pasó por en medio de las piezas de los animales muertos, mientras Abram era simplemente un espectador de esta exhibición maravillosa de la gracia gratuita de Dios.[4]

¿Ves la belleza y la gracia obrando aquí? ¿Ves por qué podemos optar por cambiar nuestros corazones maltrechos de la sensación de inseguridad a un lugar de confianza? En la típica expresión de este pacto, ambas partes pasaban a través de la sangre, prácticamente diciendo: «¡Que me parta en dos si incumplo este pacto!». Sin embargo, ya que Abram no participó en la formalización del mismo, tampoco podía hacer nada para cancelarlo. El cumplimiento del pacto dependía únicamente de Dios.

Lo mismo ocurre contigo y conmigo. No contribuimos *en nada* a nuestra salvación. Lo que Cristo llevó a cabo en la cruz completó lo que vimos que Dios hizo por Abram. Es como si él nos dijera a ti y a mí:

«Esto no se trata de ti; es todo acerca de mí».
«Tú me fallarás, pero yo nunca te fallaré».
«Caerás y te levantarás, pero yo siempre estaré aquí para ti».

Lo único que podemos hacer (lo único que Dios nos pide) es poner nuestra confianza en Jesús. Dios cumplirá la promesa de su pacto para salvarnos por amor a Jesús.

El papel clave de la confianza

¿Cómo nos ayuda entonces todo esto con nuestra inseguridad? ¿Cómo puede darnos la capacidad de pasar a un lugar de seguridad absoluta en Dios? Creo que todo empieza con una pequeña y gran palabra: *CONFIANZA*. Para mí la confianza es comenzar por lo fundamental. Le mostramos a Dios cuánto lo amamos al llevar intencionalmente nuestros sentimientos de inseguridad, alinearlos con lo que la Palabra de Dios dice que somos, y actuar de acuerdo a esa verdad en vez de hacerlo basados en las conocidas mentiras que hemos creído.

Nuestra cultura diluye y generaliza el término *amor* para hacer que se refiera a cualquier cosa, desde el helado hasta tus hijos, pero no sucede así con el término *confianza*. Aunque podrías seguir amando a alguien que te haya herido profundamente, quizás no puedas confiar más en esa persona.

Por supuesto, ponemos en práctica diferentes niveles de confianza con varias personas e instituciones (podríamos confiarle al mecánico nuestro auto, al banquero nuestro dinero y al médico nuestra salud), pero el significado básico del vocablo sigue siendo el mismo. Confiar en alguien significa tener la seguridad de que esa persona cumplirá un compromiso expresado.

El más grande reto que enfrentamos a fin de intercambiar nuestra inseguridad por la confianza en Dios consiste en que aún vivimos en este planeta. Revisa tu código postal. Si todavía no ves escrito allí «Puertas del Cielo», significa que aún estás aquí. Todavía te encuentras en medio de una zona de guerra cósmica. Eso significa que las personas te herirán, fallarán y defraudarán.

¡Sin embargo, Dios no!

El Señor nunca te fallará. Solo él es digno de tu confianza total. Solo en él puedes tener cien por ciento de seguridad.

Aún estoy aprendiendo esta lección. Después de cuarenta años de caminar con Dios, la inseguridad todavía asoma su cabeza diabólica. Lo volvió a hacer precisamente la semana pasada.

En el año 2013, el ministerio Women of Faith hizo algunos cambios. Trajimos a algunas mujeres asombrosas como nuevas conferenciantes. En enero de ese año nos reunimos en un retiro para conocernos un poco mejor, expresar lo que había en nuestros corazones, y orar unas por otras. Tuve una programación absurdamente atareada los días anteriores al retiro, y cuando quedé en verdad agotada, bajé mi guardia con Dios.

Celebramos el retiro en un lugar a casi dos horas de Dallas, así que decidí manejar en vez de reunirme con todas en nuestras oficinas y tomar el autobús. Me detuve a medio camino para abastecerme de gasolina y leer un mensaje de texto de nuestro vicepresidente de Creative. Él tenía una sencilla petición: «¿Quieres abrir la primera sesión en la tarde y dar una charla rápida sobre la historia de Women of Faith?». No me había pedido que explicara la ciencia espacial. El hombre me había hecho una solicitud simple y con sentido común. Sin embargo, ¿sabes que ocurrió dentro de mí?

¡No puedo hacer eso!

¡No me puedo parar frente a estas asombrosas mujeres y hablar!

¡No creo que pertenezca más aquí!

¡Ya mi vida útil se ha terminado!

Comencé a morir interiormente, y al enemigo le encantó. Encontré con rapidez un lugar tranquilo en la carretera, lejos de las personas y el tráfico, y tuve una charla seria con mi Padre: «¡Bien, heme aquí otra vez, Señor! Lo siento mucho, pero estoy abrumada. A pesar de todo lo que has hecho en mi vida, me sigo sintiendo como la niñita que se aferra a la blusa de mamá. Aún siento que sería un alivio para todos que no apareciera. Todavía oigo a las personas hablando acerca de mí en pequeños grupitos».

Por algún tiempo me quedé allí en la presencia de mi Padre. Luego puse mi nuevo disco de Hillsong Australia y esperé que sonara la pista 2, «Beneath the Waters (I Will Rise)» [Cubierto por las aguas (Me levantaré)].

Me levanto como Te levantaste; declaro Tu gobierno y Tu reino
Mi vida confiesa Tu señorío y glorifica Tu nombre [...]
Me levanto para testificar, porque estaba muerto en mi pecado
Ahora me *levanto*[5]

Para mí, confiar casi siempre significa llevar conscientemente mi voluntad para alinearla con la voluntad de Dios, sin que importe lo que sienta. Me sostengo en lo que es cierto y no en lo que se *siente* como verdadero.

¿Lo haré mal a veces? ¡Sí!

¿Me criticarán o malinterpretarán algunas personas? ¡Sí!

¿Quedaré a veces fuera de cosas de las que me gustaría formar parte? ¡Sí!

Aun así, me mantendré de pie.

APÓYATE EN EL SEÑOR

Una línea del libro de Proverbios resume hermosamente mi conclusión sobre la inseguridad.

> Fíate de Jehová de todo tu corazón,
>
> y no te apoyes en tu propia prudencia.
>
> Reconócelo en todos tus caminos,
>
> y él enderezará tus veredas.
>
> No seas sabio en tu propia opinión;
>
> teme a Jehová, y apártate del mal;
>
> porque será medicina a tu cuerpo,
>
> y refrigerio para tus huesos. (3.5 -8, RVR60)

Cuando la inseguridad asome su horrible cabeza (y lo hará), podremos decir: «Bueno, quizás *tú* no me escojas, tal vez *tú* no me valores, posiblemente *tú* ni siquiera me quieras a tu lado... ¡pero *Dios* sí!». Recuerda este versículo; intenta memorizarlo:

> Los he llamado amigos, porque todo lo que a mi Padre le oí decir se lo he dado a conocer a ustedes. No me escogieron ustedes a mí, sino que yo los escogí a ustedes. (Juan 15.15–16)

¿Te resulta difícil memorizar versículos (¡y hermana, estoy contigo en esto!)? De ser así, tan solo recuerda la parte final, porque son las palabras de Jesús para ti:

«No me escogieron ustedes a mí, sino que yo los escogí a ustedes».
«No me escogieron ustedes a mí, sino que yo los escogí a ustedes».
«No me escogieron ustedes a mí, sino que yo los escogí a ustedes».
«No me escogieron ustedes a mí, sino que yo los escogí a ustedes».

Y ya que él te escogió, el mismo pacto incondicional que colocó a Abram dentro de la familia eterna de Dios también te coloca a ti en ella. Así como el Señor pasó a solas a través de los sacrificios de animales, Jesús también atravesó a solas el Calvario. Él te escogió y *eres suya*.
¡Para siempre!

PERMANECE FIRME EN MEDIO DE TU TORMENTA

Es más difícil proveer espacio para algunas emociones que otras, porque se producen bajo circunstancias que para la mayoría de nosotras son momentos raros en vez de una realidad continua. Podemos enfrentar la desesperación por un tiempo, pero esta pasará. Quizás estemos destrozadas por una pérdida o una tragedia inesperada, pero el dolor tiene sentido debido a aquello que estamos atravesando. El desafío con la inseguridad es que resulta muy dominante. Cada día se nos presenta un centenar de oportunidades de experimentarla. Por lo tanto, ¿cómo enfrentarla?

1. La próxima vez que la inseguridad llame a la puerta, corre a la Palabra de Dios. Recuerda que el amor del Señor por ti no tiene nada que ver con tu desempeño. Te contaré un extraño secretito mío. En mi cuarto de baño, que es a donde voy primero la mayoría de las mañanas, tengo tres patitos de goma de esos con los que los niños juegan en la bañera. Dos van en una

dirección y uno en la otra. Este es mi recordatorio diario de que nunca tendré todos mis patos en una fila, y eso está bien.

2. También recuerda la gloriosa noticia de que Dios te escogió; tú no lo escogiste. Él continúa escogiéndote en los días en que sientes que has hecho todo bien y en los días en que sientes que todo te sale mal.

3. Óyelo hacer esta declaración final:

> «Nunca te dejaré;
> jamás te abandonaré.»
> Así que podemos decir con toda confianza:
> «El Señor es quien me ayuda; no temeré.
> ¿Qué me puede hacer un simple mortal?». (Hebreos 13.5 -6)

CAPÍTULO OCHO

UN NUEVO AMANECER

DE LA INSIGNIFICANCIA AL VALOR

O el pozo era muy profundo o ella caía muy despacio; el caso es que,
conforme iba cayendo, tenía tiempo sobrado para mirar alrededor y
preguntarse qué iría a suceder después.

—LEWIS CARROLL, *ALICIA EN EL PAÍS DE LAS MARAVILLAS*[1]

Sean fuertes y valientes. No teman ni se asusten ante esas naciones,
pues el SEÑOR su Dios siempre los acompañará; nunca los dejará ni
los abandonará.

—DEUTERONOMIO 31.6

A finales de la década de 1980 y principios de la de 1990, presenté mi programa diario de entrevistas de treinta minutos, *Heart to Heart* [De corazón a corazón]. Conocí a mucha gente maravillosa, personas que no siempre obtienen el milagro por el que oran y que sin embargo aman a Dios. Mi productora, Cheryl, y yo buscábamos historias que mostraran el misterio de la presencia de Dios cuando nada más tiene sentido. Nos liberamos del limitante de que todas las historias debían terminar bien, porque en la realidad no ocurre así. Yo usaba como guía mi apasionada creencia en que cuando tu historia real, *toda* ella, se encuentra con un Dios real, todo es posible. Aunque quizás las cosas no sean como esperabas.

Muchas personas dejaron una huella indeleble en mi corazón.

- *Charlie Wedemeyer*, un profesor de secundaria y entrenador de fútbol americano cuya fe brilló incluso a través de los estragos causados por la enfermedad de la esclerosis.
- *Noah Snider*, quien cayó rápidamente de una vida normal a otra en las calles, quedando a la vez sin hogar y sin nombre.
- *El piloto Eugene «Red» McDaniel*, derribado sobre el territorio de Vietnam del Norte y confinado en el «Hanoi Hilton» (nombre dado a la peor prisión durante la Guerra de Vietnam) durante seis años.

Todos estos hombres hablaron de sus luchas con la fe, de sus peleas con Dios en los lugares más siniestros imaginables, y sin embargo, descubrieron que él era fiel. No obstante, fue una mujercita la que más me cautivó.

Desde el primer momento en que me reuní con Huldah Buntain, sentí que la conocía. Incluso mientras se sentaba en el set y cruzaba las manos sobre su regazo, recuerdo que pensé: *siento que te conozco*. Había leído su libro *Treasures in Heaven* [Tesoros en el cielo] la noche antes de que nos conociéramos, pero yo siempre leo los libros de mis invitados.

Había algo más con respecto a Huldah.

Algo acerca de Huldah...

Me encantó su transparencia, e incluso su cruel sinceridad. Ella y su esposo, Mark, habían servido como misioneros en la India durante más de treinta años. Quizás mi corazón se conectó tan profundamente con Huldah porque ella había vivido mi sueño.

Cuando era joven, creía que Dios me había llamado a ir a la India. Asistí a un seminario en Londres a fin de prepararme para esa misión. Compré un mapa de la India y lo coloqué en la pared del dormitorio de la universidad. Mientras oraba durante las mañanas y las noches por las mujeres de la India, las lágrimas corrían por mi rostro. Nunca antes o después he experimentado esa clase de carga en la oración.

Sin embargo, cuando me gradué del seminario, Dios redirigió mis pasos y me fui a trabajar a Europa con Juventud para Cristo. Me resulta irónico que ahora ya haya estado en casi todos los países del planeta... menos en la India.

La India pudo haber sido *mi* sueño, pero sin duda no fue el de Huldah. Ella no quería ser misionera. Ni siquiera quería ser la esposa de un pastor. En *Treasures in Heaven* escribió:

> *«Dios»*, oraba en silencio, *«he vivido la mayor parte de mi vida con mucho sacrificio. Me gustan las cosas buenas. Por favor, no me pidas que sea la esposa de un predicador. Haré todo lo que me pidas, pero por favor, Dios, no en el ministerio».*[2]

Reí en voz alta cuando leí esa parte. Me pregunto cuántas de nosotras hemos hecho esa clase de oración. El tipo de oración que indica: «Haré esto, esto y esto, pero no eso». ¿Crees que de alguna manera, en lo más profundo, sabemos que Dios está llamándonos y sencillamente intentamos cortarle el paso? Si es así, la estrategia nunca me ha funcionado.

Y sin duda, no funcionó para Huldah.

Ella y Mark se enamoraron, se casaron, y en 1954 compraron pasajes en un barco para comenzar su labor en la India. Digo «barco», pero no pienso en un «crucero». La nave en la que viajaron no tenía nada en común con el Gran Barco Rojo de Disney o la línea de cruceros Holland America. Los misioneros permanecieron en un cubículo oscuro en el casco de la embarcación. Así lo expresó Mark: «Hay primera clase, segunda clase, tercera clase y clase misionera». Él lo vio como algo divertido, pero a Huldah no le hizo ninguna gracia.

Mark se sentía emocionado por su llamado a una tierra repleta de millones de personas que nunca habían oído el evangelio de Cristo, pero el corazón de Huldah no estaba en la India. Hicieron un compromiso inicial por un año, y ella oraba fervientemente que luego de haber transcurrido los doce meses pudieran regresar a Estados Unidos, en particular después del nacimiento de su hija. No creía que pudiera criar con seguridad a una niña en una nación invadida por la penuria y la enfermedad, y como la mayoría de nosotras cuando tenemos una hija pequeña, Huldah quería a su familia cerca.

Sin embargo, al final de ese año, Mark supo que Dios lo había llamado a entregarle su vida al pueblo de la India. Huldah no estaba convencida, pero fue leal: «Dios no me llamó a la India, pero sí me llamó a ser la esposa de Mark».

Mientras escuchaba hablar a Huldah de las realidades de establecer una iglesia en un país extranjero, de la lucha contra las restricciones gubernamentales sin sentido, de quedarse sin provisiones frente a la abrumadora necesidad, debí quitarme mis lentes color de rosa. Cuando era adolescente, tenía una idea romántica e irreal de la vida en un campo misionero. Imaginaba que sería algo como esto: saldría de mi barco, pisaría tierra hindú, y de inmediato me rodearían niños que me darían la bienvenida a su país. Al año centenares entregarían sus vidas a Cristo a través de mi ministerio y asistirían a los estudios bíblicos que prepararía en mi pequeña cabaña.

Ingenua y despistada.

Huldah descubrió (y vivió) algo muy diferente. Pronto quedó claro que las personas del mundo son notablemente iguales. Los tipos de problemas que plagaban a la iglesia local en Pittsburgh también entorpecían a la iglesia en Calcuta. Noche tras noche, Mark llegaba a casa desanimado y agotado por las disputas con la junta de diáconos. Todo eso enfurecía a Huldah. Ella describió su almohada como «una plataforma de lanzamiento para mis pensamientos de venganza».

No obstante, la mujer pudo ver que por las venas de Mark corría un verdadero amor por el pueblo hindú, y con el tiempo ella también comenzó a sentirlo. Alimentaron a los hambrientos, cuidaron a los enfermos y edificaron al cuerpo de Cristo. Finalmente, ayudaron a establecer una gran iglesia en el centro de Calcuta, así como un hospital reconocido a nivel nacional.

No obstante, debieron enfrentar temporales que nunca previeron, incluso la continua nube negra de la salud de Mark. Dos veces debió regresar a Estados Unidos para que le operaran la espalda y recibir el cuidado necesario a fin de recuperarse. La última tormenta fue demasiado dura de vencer. Mark sufrió una hemorragia cerebral masiva y no sobrevivió a una cirugía diseñada para liberar la presión del cerebro.

Su muerte devastó a Huldah. Imagino que cuando se comparte la clase de vida que ellos tuvieron, sin las comodidades del hogar, el vínculo se vuelve tenso hasta el punto de romperse o se hace inquebrantable. En el caso de Mark y Huldah ocurrió esto último.

Él había expresado su deseo de ser enterrado en la India, y con el permiso del gobierno, su féretro fue colocado dentro de los cimientos de un nuevo santuario en construcción. Mark vivió para servir a Dios y al pueblo de la India, y sus huesos descansan perpetuamente allí donde su corazón latía con más fuerza. Miles de personas asistieron a su funeral, y mientras Huldah las observaba pasar frente al féretro con las lágrimas corriendo por sus rostros, finalmente comprendió que ahora podía ir a casa.

Por fin tenía la libertad para regresar a la familia y los amigos en Estados Unidos.

Entonces Dios habló.

¿Has notado cuán a menudo Dios hace eso? Tienes todo tu plan preparado, tus patos alineados... y de repente Dios habla. Huldah escribió: «Me vi impulsada por el mismo llamado divino que había motivado a Mark. Sentí mi propia ordenación para continuar la obra entre las personas de la tierra que había aprendido a amar».

Ella aún sirve en la India hoy en día. El año pasado recibí un regalo inesperado. Huldah regresó a Estados Unidos para una breve visita, escribió un mensaje en el iPhone de un amigo, y me lo envió. Habían transcurrido veintitrés años desde que la entrevistara. Me sentí profundamente conmovida de que ella me recordara.

Si ingresas al sitio web del Mercy Hospital en Calcuta, India, verás su logotipo en la forma de dos manos ahuecadas, como si fueran a verter algo. Huldah explicó por qué:

Cada mañana a la orilla del Ganges, los nativos entran en el antiguo río, toman en sus manos ahuecadas un poco de agua, y la vierten para simbolizar una ofrenda de sacrificio personal. En la India, la imagen de esta acción ha llegado a representar una entrega desinteresada y un compromiso con una causa noble. La usamos en nuestro logotipo a fin de comunicar nuestra dedicación a derramarnos nosotros mismos para servir a la población de Calcuta, en especial a los desfavorecidos.[3]

Si te hubieras sentado con Huldah en sus primeros años y le hubieras hablado de las décadas que pasaría en la India, de que Mark moriría allí, pero que ella decidiría continuar la obra, te habría dicho sin rodeos: «Estás loca». Huldah ansiaba llevar una vida sencilla, estar cómoda, formar una familia y no tener problemas.

Sin embargo, Dios tenía planes mucho más grandes. Cuando Huldah le dijo que sí a Mark, no tenía manera de saber que también le estaba diciendo que sí a Dios. Ese primer paso de fe, casarse con un hombre en el ministerio, fue tan solo el primero en un largo viaje que transformaría a esta pequeña mujer de alguien que deseaba permanecer insignificante en el escenario mundial a la mujer valiente que aún hoy sirve en la India. Solo un paso puede cambiar el curso de una vida.

Tengo la fuerte sensación mientras escribo hoy de que Dios tiene planes mucho más grandes para cada una de sus hijas si tan solo confiáramos en él. Tal vez tú, al igual que yo, seas muy consciente de lo que no puedes hacer. Cuando me gradué del colegio, una de mis amigas escribió en mi anuario: «Lo más probable es que te quedes en casa». Para ella fue una burla, pero dio en el clavo. Sentía mi vida demasiado insignificantemente como para hacer alguna vez algo grande en la obra de Dios. El valor se lo asignaba a otras personas menos lastimadas de lo que yo lo estaba. Aun ahora me intimidan los nuevos retos. Siempre puedo sugerir a otras veinte mujeres que creo mucho mejor calificadas para la tarea.

No obstante, me estoy convirtiendo en una gran simpatizante de la palabra *valor*. Como ya he andado con Dios durante más de cuarenta años, veo una diferencia entre el valor piadoso y la temeridad, entre la fortaleza humana y la total dependencia en aquel que da la fortaleza.

Creo que Dios nos está llamando a todas a una vida significativa para su reino. Hollywood no sabría qué hacer con una historia así, porque todo se trata de Jesús y no de nosotras. Así que tal vez antes de que podamos entender el sueño de Dios, debamos desenmascarar algunos mitos en el nuestro.

Nuestros sueños... y los del Señor

Cuando eras una chiquilla, ¿pertenecías más a la clase de niña que decía: «Un día vendrá mi príncipe y después viviremos felices», la cual veía su significado en la belleza y la fortaleza de su familia, o querías irrumpir personalmente en el castillo? A menos que alguien aplastara tu capacidad de soñar a una edad muy temprana, la mayoría de nosotras nos imaginábamos haciendo algo de significado con nuestra vida. Quizás no cambiaríamos el mundo, pero sí parte de él.

A mis dieciséis años quería ser enfermera, hasta que visité a la esposa de nuestro pastor en el hospital después de una operación de nariz. Debió ser el momento de cambiar el vendaje, pero lo siguiente que supe es que desperté en la cama al lado de ella. Mi lema se volvió: «¡Toda sangre se debe conservar en el cuerpo hasta donde sea posible!».

Pudiste haber soñado con casarte y empezar una familia, o seguir una profesión preferida, o tal vez decidiste dejar que tu vida se desarrollara a medida que el tiempo pasara. Sin embargo, cada uno de estos sueños tiene una falla inherente. Aunque te casaras con el hombre más bueno que alguna vez haya caminado sobre este planeta, aunque tuvieras hijos fabulosos y llegaras a lo alto de la escalera del éxito en tu campo seleccionado, a tu sueño aún le faltaría *algo*. Mientras vivamos en esta tierra, nuestros sueños humanos nunca estarán a la altura de lo previsto.

No sucede eso con los sueños de Dios. Estos tienen que ver con mujeres comunes y corrientes como tú y yo que nos atrevemos a creer que todo es posible porque él vive en nosotras y a través de nosotras. Según escribiera George Eliot: «Nunca es demasiado tarde para ser lo que podrías haber sido».

En el año 2013, un boletín noticioso conmocionó al mundo: «El papa Benedicto dice que va a renunciar al cargo, ya que no tiene las fuerzas para cumplir los deberes de su posición». No conozco mucho acerca de la historia de la iglesia católica romana, pero sé que Benedicto es el primer papa que renuncia desde la Edad Media, hace más de seiscientos años. Esa es una decisión *enorme*. Se debería tener mucho valor para tomarla. No me puedo imaginar el proceso interno que se debió haber llevado a cabo. Estoy segura de que muchas voces insistieron: «¡No puedes *hacer* eso!». No obstante, el hombre creyó claramente que había servido su tiempo y ahora debía abdicar, sin importar lo que otros pensaran o cómo fueran a reaccionar.

Entonces, si vamos un poco más allá y ampliamos esta idea, podríamos concluir que decirle que sí a Dios a veces requiere decirle que no a otros.

El asunto no es tan fácil como parece.

Muchas mujeres me han hablado de la frustración de vivir lo que otros han soñado para ellas, en lugar de dirigirse a donde personalmente querían que se encaminaran sus propias vidas.

—Si ahora como una mujer adulta pudieras hablarle a tu yo de dieciséis años, ¿qué le dirías? —me preguntó una vez alguien.

—¡Corre! —contesté.

En realidad, esa no sería mi respuesta, pero le diría que no se preocupara tanto con respecto a lo que otros piensan de ella... ¡porque hay muchas posibilidades de que no piensen algo acerca de su persona en absoluto! E incluso si albergaran pensamientos en cuanto a ella, declararía que Dios la ama y que por muchas veces que caiga, él la ayudará a levantarse otra vez.

Si pudieras sentarte con la versión de dieciséis años de ti misma y hacerle las siguientes preguntas, ¿cómo crees que respondería?

- ¿Sientes que tu voz es oída?
- ¿Le importan tus sueños a los que amas?
- ¿Llegarás a elegir la profesión que deseas?
- ¿Crees que otros te tomarán en serio?
- ¿Quieres hacer algo grande para Dios?

Me pregunto qué diría esa versión más joven de ti. Tal vez te casaste muy joven, y mientras llegaba un bebé tras otro, todos los demás sueños se perdían bajo una creciente montaña de pañales y platos sucios. No me malinterpretes; creo que ser mamá es algo glorioso. Pienso que es uno de los llamados más difíciles, satisfactorios y frustrantes que Dios destina para nosotras.

Sin embargo, deseo abordar aquí las mentiras que el enemigo podría estar susurrando ahora mismo en lo profundo de tu corazón, sin importar dónde pases tus días, ya sea en la oficina o en la tienda de la esquina.

¿Es esto lo único que vas a hacer con tu vida?
Solías ser una soñadora, pero ya no.
Aunque caigas en la cama después de otro día agotador, ¿puedes ver
*   que no hiciste nada de verdadera importancia?*
Tu vida no tiene ninguna influencia.

Todas esas mentiras llevan la misma dirección de remitente: el infierno.

Tu vida le *importa* a Dios. Vivimos en una cultura que glorifica la fama y le da importancia a aspectos que no tienen un valor perdurable. Con frecuencia me pregunto si la madre que hace una plegaria con cada pieza de ropa lavada que dobla comprende, y hasta comienza a concebir, la diferencia que está marcando. Así también ocurre con una ejecutiva en una empresa exitosa cuando cubre en oración cada transacción y busca esos «momentos divinos» antes de que ella deba hablar.

Creo que todas las mujeres cristianas deberíamos recibir alguna clase de insignia como agente encubierta para recordarnos que en realidad servimos a otro Rey. Nuestro Rey no necesariamente busca a una mujer con el conjunto más impresionante de habilidades, sino a una con corazón de sierva que sabe cuándo ponerse de pie y servir. ¿Quién en este mundo habría escogido a una niña de doce años de edad de una recóndita aldea de menos de dos mil habitantes para ser la madre de Cristo? Aquellos en Nazaret que conocían a María la habrían visto como una muchacha tierna que se casaría, tendría una familia y se dedicaría a una vida sosegada. Dios miró el corazón de María y la llevó en un viaje profundo de la insignificancia al valor. El mundo podría mirarte y no darle valor a quién eres, pero esa es una equivocación. Según Pablo escribiera a la iglesia en Corinto:

> Recuerden lo que ustedes eran cuando Dios los eligió. Según la gente, muy pocos de ustedes eran sabios, y muy pocos de ustedes ocupaban puestos de poder o pertenecían a familias importantes. Y aunque la gente de este mundo piensa que ustedes son tontos y no tienen importancia, Dios los eligió, para que los que se creen sabios entiendan que no saben nada. Dios eligió a los que, desde el punto de vista humano, son débiles, despreciables y de poca importancia, para que los que se creen muy importantes se den cuenta de que en realidad no lo son. Así, Dios ha demostrado que, en realidad, esa gente no vale nada. (1 Corintios 1.26–28, TLA)

El apóstol usa aquí un lenguaje muy fuerte, no para avergonzar a los corintios, sino para despertarlos un poco. Quiere recordarles sus orígenes, quiénes son en Cristo y cuán grande es Dios. La palabra traducida *de poca importancia* denota lo opuesto a *noble*; significa «insignificante en este mundo». La palabra traducida *despreciables* significa más que simplemente desestimados, sino algo más cercano a «marcado con desprecio». La misma expresión en Lucas 23.11 describe cómo Herodes trató a Cristo: «Entonces Herodes y sus soldados, con desprecio y burlas, le pusieron un manto lujoso y lo mandaron de vuelta a Pilato».

Pablo dejó en claro que lo que tiene poca importancia en el mundo posee una enorme importancia para Dios. Parece una broma gloriosa y divina que el Señor use a las personas menos probables a fin de hacer cosas poderosas para él. Lo ha hecho así por milenios, y lo sigue haciendo. Tú y yo somos la prueba.

Uno de mis proyectos favoritos es tratar de desprestigiar el mito de la plataforma o el escenario. Creemos que si una mujer sube a un púlpito o un escenario agradablemente vestida, con una Biblia en una mano y un micrófono en la otra, es más especial, más escogida, más «ungida» que la mujer que se deja caer en su sillón con el cabello agarrado por detrás con un gancho y un paño para hacer regurgitar a su bebé sobre el hombro.

¡No!

La verdadera importancia en el reino de Dios *no* proviene del talento o el carisma, sino del amor, y el verdadero amor necesita valor.

Podrías sentir la tentación de pensar: *gracias, pero esta información es demasiado poco y además tardía.* Aunque no quiero arruinar la esencia del evangelio, debo decirte que la noticia radical, grandiosa e hilarante del reino de Dios es que *nunca* es demasiado tarde para ponerse de pie y decir: «¡Muy bien, aquí estoy!».

Bueno, está bien, oigo tu objeción: «Apenas logro mantenerme al día con la ropa lavada, ¿y quieres que salga y cambie al mundo? ¡Estoy cambiando un pañal, y eso es lo único que puedo manejar!».

Ni por un momento te sugiero que descartes tu vida y salgas a conquistar Dakota del Norte para Jesús. Solo quiero recordarte que tú (sí, tú) eres parte de esta obra maravillosa que Dios está haciendo en la tierra. He seguido a Cristo por más de cuarenta y cinco años, pero nunca he sentido tal cambio en el ambiente espiritual como lo siento hoy. Dios está en movimiento... y deseo ser parte de lo que él está haciendo.

Y también quiero que tú seas parte de ello.

Por eso escribí este libro cuando tenía muchas otras cosas captando mi tiempo y mi atención. Esto es *importante*.

¡Creo con todo mi ser que Dios está levantando un ejército diverso de mujeres de todas las formas y tamaños alrededor del mundo que están cansadas de escuchar el no del enemigo y listas para creer en el sí de Dios!

¡Creo con todo mi ser que Dios está levantando un ejército diverso de mujeres de todas las formas y tamaños alrededor del mundo que están cansadas de escuchar el no del enemigo y listas para creer en el sí de Dios!

¿Estoy hablando de avivamiento? Bueno, sí, aunque quizás de una manera que ninguna de nosotras ha presenciado alguna vez. A menudo he oído a las personas hablar de un avivamiento en Estados Unidos, pero yo misma nunca he tenido un sentido profundo de su inminencia. En mis veinte y treinta años recibí muchas invitaciones para cantar en «reuniones de avivamiento», pero lo único que me pareció ver avivarse fue el guiso de frijoles de la semana pasada.

Como alumna de un seminario estudié muchos de los grandes avivamientos de la historia cristiana. Estudié el gran avivamiento de Gales en 1904. La tormenta del avivamiento que golpeó las colinas y los valles de Gales ese año pronto se convirtió en un huracán cuyos vientos divinos soplaron alrededor del mundo. Visitantes de todo el planeta llegaron de visita y profundamente impactados llevaron a casa las llamas aún ardientes.

Otro avivamiento poderoso sacudió las islas Hébridas de mi patria chica, Escocia, en 1949. Duncan Campbell, que recibió una invitación para predicar allí, lo describió de este modo:

> Dios estaba empezando a moverse, los cielos se abrían, y permanecimos allí con nuestros rostros delante del Señor. Llegaron las tres de la mañana y Dios entró. Casi una docena de hombres y mujeres se postraron en el suelo, sin poder hablar. Algo había sucedido; sabíamos que las fuerzas de las tinieblas iban a ser rechazadas y las personas serían liberadas. Salimos de la cabaña a las tres de la mañana para descubrir a hombres y mujeres buscando a Dios. Caminé a lo largo de una carretera rural y encontré a tres hombres con el rostro hacia el suelo, clamando la misericordia de Dios. Había una luz en cada casa, y nadie parecía pensar en dormir.[4]

Estos grandes avivamientos, y otros como ellos, nacieron de las oraciones fervientes y comprometidas de creyentes que no dejarían ir a Dios hasta que él les contestara. Me encanta que los historiadores hayan rastreado el inicio del avivamiento escocés hasta dos hermanas, Peggy y Christine Smith, en esa época de ochenta y dos y ochenta y cuatro años de edad. Ellas habían orado constantemente por un avivamiento.

Al meditar en muchos de los avivamientos que han visitado la tierra, me parece como si Dios abriera por un momento los cielos, derramara pródigamente su Espíritu, y luego continuara su camino.

No sé si en nuestros días veamos esa clase de avivamiento, pero estoy orando a diario por ello. Sin embargo, sé que Dios está en la tarea de avivar a mujeres comunes y corrientes como tú y yo, y de enseñarnos a vivir con valor y pasión. Vi eso en Huldah. Lo vi en mi madre, que a los sesenta y cinco años sabía que era demasiado tarde para ser una maestra... hasta que alguien la desafió a impartir un estudio bíblico en su casa.

La Biblia rebosa de historias de hombres y mujeres que se sintieron insignificantes hasta que se hallaron en una encrucijada espiritual.

Esos momentos pueden cambiar una vida.

Si Dios quiere, pueden cambiar a una nación.

Un «momento Ester»

La historia de Ester en el Antiguo Testamento ilustra claramente la transformación de la insignificancia al valor. Creo que ella encarna la profunda declaración hecha por Viktor Frankl: «Cuando ya no podemos cambiar una situación, somos desafiados a cambiar nosotros mismos».

El libro de Ester me parece notable en muchos aspectos. En primer lugar, es uno de los dos únicos libros en la Biblia con nombre de mujer (Rut es el otro). En segundo lugar, aunque el libro no menciona a Dios ni una vez, claramente lo describe como el héroe.

La historia de Ester me parece tan convincente porque nadie le preguntó si quería dar un paso adelante y tener valor; simplemente se vio obligada a representar un papel según el capricho del hombre más poderoso del planeta en ese tiempo, el rey Asuero.

Cuatro años antes, su hermosa esposa, la reina Vasti, se había negado a ser tratada como una perrita amaestrada frente a algunos invitados borrachos, y los asesores del rey le aconsejaron que se divorciara de ella. Él lo hizo. Sin embargo, con el tiempo se sintió solo, así que sus asesores

(¡consigue nuevos asesores, amigo!) idearon un plan humillante. Sugirieron enviar hombres a recorrer su enorme imperio con el fin de reunir a todas las muchachas jóvenes, hermosas y vírgenes. Ahí es donde conocemos a Ester; ella cayó en esa red. No se ofreció como voluntaria y nadie la consultó. La reclutaron por dos razones:

1. Era hermosa.
2. Era virgen.

Solo trata de imaginar la situación de la muchacha. Una noche en que estaba cenando tranquilamente, un soldado tocó a la puerta. Cuando el tío de la joven contestó, el soldado se llevó a rastras a la jovencita. Imagina cómo se debió haber sentido Mardoqueo, que había asumido la responsabilidad de cuidar a Ester después que los padres de ella murieran. La crió como a una hija, y ahora alguien se llevaba a rastras a esta joven prima, y no había nada que él pudiera hacer al respecto. Temiendo por la vida de la chica, le dio instrucciones de que mantuviera en secreto su origen judío.

Adiestradores reales ducharon y restregaron a las muchachas y las marinaron en aceites perfumados durante todo un año antes de presentárselas al rey para que viera a cuál encontraba más suculenta, como un pavo de Navidad en una bandeja. Bueno, Ester «ganó» sin duda alguna el concurso Señorita Persia, y el rey Asuero la convirtió en su nueva reina.

Probablemente lo llamaríamos matrimonio solo de nombre. Él convocaba a Ester solo cuando quería dormir con ella, pues tenía muchas concubinas. Pasaban semanas sin que Ester recibiera una llamada de su esposo. De muchas maneras ella tenía todo y nada. La joven pertenecía al pueblo judío, pero vivía como una reina pagana. Tenía un esposo, pero no intimidad marital. Poseía muchas cosas brillantes, pero no el corazón de su marido. Le habían concedido un título importante, pero también una vida vacía de significado.

En medio de este cuadro sombrío y opulento, el Señor le dio la oportunidad de pasar de la insignificancia al valor. Ester estaba a punto de redescubrir lo que realmente le pertenecía.

A lo largo de la historia bíblica, Satanás había conspirado varias veces para destruir al pueblo de Dios, y una vez más sus planes se hicieron evidentes bajo el gobierno del rey Asuero. Amán, el principal asesor del rey, era un tipo profundamente arrogante y perverso que exigía que todo el que pasara a su lado se inclinase en reverencia. Mardoqueo se negó a hacer esto, aduciendo que solo Dios es digno de adoración. Esto enfureció a Amán, y cuando descubrió que Mardoqueo era judío, urdió un complot para hacer que todo hombre, mujer o niño judío fuera masacrado. Él le presentó su plan al rey bajo la fingida amenaza de que el pueblo judío se había vuelto rebelde y constituía un peligro para el trono.

Igual que Satanás, Amán creyó que tenía todo aspecto cubierto. Se dio cuenta de que el rey podría pensar en los ingresos que perdería con esta masiva ejecución, así que Amán se ofreció a pagarle al rey el equivalente a cinco millones de dólares de su propio dinero. Estas fueron sus treinta piezas de plata.

Asuero le creyó a Amán y emitió un decreto según el cual todo judío sería ejecutado. Es interesante observar que el decreto fue enviado en la Pascua, el día en que todos los judíos celebraban su liberación de Egipto. Una vez más parecía como si el destino del pueblo de Dios estuviera sellado.

Cuando Mardoqueo averiguó esto, le envió un mensaje a Ester pidiéndole que intercediera ante el rey y le suplicara por las vidas de su pueblo.

Para entender la gravedad de la intervención solicitada, debemos recordar que *nadie* podía presentarse ante el rey sin ser invitado. Llegar de manera espontánea era solicitar la pena de muerte, y Asuero no había enviado a buscar a Ester durante un mes. Me encanta lo que Carolyn James escribió: «La primera batalla de Ester, incluso más difícil que enfrentar a Asuero, fue enfrentarse y vencerse a ella misma».[5]

La solicitud de Mardoqueo horrorizó a Ester. ¿Tenía él alguna idea de qué desastre podría provocar un encuentro tan forzado? Ella le devolvió el mensaje a su primo y tutor, recordándole lo que le pasaría si entraba a la presencia del rey sin un requerimiento real. La respuesta de Mardoqueo pareció como algo que oirías de un viejo y canoso profeta:

No te imagines que por estar en la casa del rey serás la única que escape con vida de entre todos los judíos. Si ahora te quedas absolutamente callada, de otra parte vendrán el alivio y la liberación para los judíos, pero tú y la familia de tu padre perecerán. ¡Quién sabe si no has llegado al trono precisamente para un momento como éste! (Ester 4.13–14)

La respuesta de Mardoqueo convenció a Ester de que debía actuar. Él tocó tres puntos profundos que vencieron el temor y la vacilación de la joven:

1. No puedes ocultar quién eres realmente; al final, la verdad siempre sale a relucir, y cuando esto ocurra tú también morirás.
2. Dios ha prometido salvar a su pueblo, y cumplirá su promesa con o sin tu ayuda.
3. Ester, hazte oír. Tal vez te convertiste en reina, justo en este momento, precisamente para esta emergencia.

Nosotras también vivimos en un mundo en que la mención del nombre de Dios se está volviendo cada vez más rara, aunque vemos sus huellas por todas partes. Por lo tanto, ¿cómo pueden las palabras de Mardoqueo ayudarnos hoy en día?

Primero, el poder humano, desde la Casa Blanca hasta el Kremlin y los más perversos dictadores, podría parecer gran cosa, pero al final no tiene definitivamente ningún poder para salvar a nadie: «No se salva el rey por sus muchos soldados, ni por su mucha fuerza se libra el valiente. Vana esperanza de victoria es el caballo; a pesar de su mucha fuerza no puede salvar» (Salmos 33.16–17). Dios deja en claro que esa clase de «poder» resulta insignificante.

Segundo, vivimos por las promesas de Dios: «Todas las promesas que ha hecho Dios son "sí" en Cristo» (2 Corintios 1.20). El salmista dependía de la promesa del Señor, así que continuó: «Pero el Señor cuida de los que le temen, de los que esperan en su gran amor; él los libra de la muerte, y en épocas de hambre los mantiene con vida» (Salmos

33.18–19). Nuestro valor se edifica cuando meditamos en las promesas divinas.

Tercero, supongamos que *podríamos* estar vivas exactamente en *este* punto del tiempo y exactamente en *este* lugar de la tierra para representar un papel determinado asignado de manera específica a *nosotras* por el Rey del universo, el cual conoce el final desde el principio. Bueno, eso hace que el valor pase de ser algo genérico y universal a convertirse en algo particular, individual y hermoso.

Ester meditó en estos aspectos y entonces actuó. Ayunó y oró, pidiéndole a todo el pueblo judío que se uniera a ella. Me *encanta* eso. ¡Si deseas tener valor como Ester, es mejor contar con una persona de confianza como Mardoqueo! Hasta la más valiente de las almas necesita amigos piadosos que le ayuden a encontrar valor en épocas temibles. Aunque Ester estaba a punto de mostrar un valor piadoso que provenía del Señor, primero lo vio modelado en su primo. Así como Cristo se arrodilló en Getsemaní la noche en que fue traicionado, del mismo modo Ester se arrodilló y oró a su Dios. Después de fortalecerse, consideró que estaba lista. Caminaría con los ojos bien abiertos hacia lo que Dios permitiera.

Luego declaró: «Me presentaré ante el rey, por más que vaya en contra de la ley. ¡Y si perezco, que perezca!» (Ester 4.16).

Esta no fue una frase triunfalista: «Tengo a Dios en el bolsillo y puedo obrar milagros». No, se trataba de una humilde sierva del Señor convencida de que él la había llamado a hacer algo terriblemente difícil en una de las encrucijadas más grandes de su vida. La reina encontró el valor para dejarle el resultado a Dios.

Cuando Ester se acercó al rey, fue merecedora de su favor y Asuero le dio la bienvenida a su presencia. Ella le explicó que Amán básicamente había vendido al pueblo judío para la matanza. El rey revocó el decreto contra el pueblo de Dios, y Amán fue colgado en la misma horca que había construido para matar a Mardoqueo. No solo eso, el rey Asuero permitió que Mardoqueo redactara un nuevo decreto protegiendo al pueblo judío y lo selló con su propio anillo, haciéndolo imposible de revocar. ¡Qué historia tan increíble!

¿Y qué de nosotras? Estoy muy segura de que me encuentro un poco pasada de años para que me convoquen al concurso de Señorita Estados Unidos. No, tenemos un llamado muy superior: «¡Quién sabe si no has llegado al trono precisamente para un momento como éste!» (Ester 4.14).

Nuestros propios «momentos Ester» llegarán cuando el Señor nos pida salir de lo que parece un lugar de insignificancia y a cambio levantarnos con valor para la gloria del Rey y su reino.

PERMANECE FIRME EN MEDIO DE TU TORMENTA

Me encanta la historia de Ester. La imagino sentada junto al fuego más adelante en su vida, hablando acerca de lo que Dios hizo. ¡Quién sino Dios podía estar en control de una adolescente sacada a rastras de su casa para ser preparada y presentada en bandeja a un rey! Ella podría hablar de los días y las noches en soledad en que a los ojos del mundo lo tenía todo, pero por dentro se sentía vacía e insignificante. Entonces llegó ese momento crucial que cambió todo.

Imagino lo que sucedió si llegó a tener nietos.

—¿Tuviste miedo? —le preguntarían ellos.

—Sí, yo estaba aterrada —contestaría ella.

—¡Cuéntanos otra vez lo que hiciste, abuela!

—Bueno —diría ella—, le confié mi existencia a la única persona que convierte las vidas pequeñas en grandes. Se la entregué a Jehová Dios.

Así que chicas, esto también va para nosotras.

1. Este es el momento de prepararnos.

2. Atesoremos la Palabra de Dios muy profundo en nuestros corazones.

3. Enseñemos bien a nuestros hijos.

4. Ayunemos y oremos, porque solo Dios sabe si hemos llegado al reino para un momento como este.

CAPÍTULO NUEVE

DE PIE SOBRE LA ROCA

DE LA DESESPERACIÓN A LA FE

—Axel —respondió el profesor, con mucha serenidad—, la situación es casi desesperada; pero hay aún algunas esperanzas de salvación, que son las que examino. Si es muy cierto que a cada instante podemos perecer, no lo es menos que a cada momento podremos también ser salvados. Pongámonos, pues, en situación de aprovechar las menores circunstancias».

—JULIO VERNE, *VIAJE AL CENTRO DE LA TIERRA*[1]

Tenemos este tesoro en vasijas de barro para que se vea que tan sublime poder viene de Dios y no de nosotros. Nos vemos atribulados en todo, pero no abatidos; perplejos, pero no desesperados; perseguidos, pero no abandonados; derribados, pero no destruidos. Dondequiera que vamos, siempre llevamos en nuestro cuerpo la muerte de Jesús, para que también su vida se manifieste en nuestro cuerpo.

—2 CORINTIOS 4.7—10

En el año 2007, la tira cómica *Garfield* tuvo el récord por ser la historieta cómica más ampliamente vendida a través de una agencia.

Jon Arbuckle es el propietario ficticio de Garfield, un individuo joven con una vida llena de desafíos. Se viste escandalosamente y trata de aliviar el aburrimiento ocupándose en pasatiempos estimulantes como cortarse las uñas de los pies o comprar medias nuevas. Él es el blanco de la mayoría de las bromas de Garfield y el destinatario del agudo ingenio del gato. Una noche, al prepararse para una cita, Jon le pregunta a Garfield si cree que su corbata está demasiado larga, a lo que el gato contesta: «No en absoluto, mientras tus amigos del circo no protesten».[2]

¡Ay!

Hace unos años Dan Walsh (no es pariente mío) presentó una nueva tira cómica, *Garfield Minus Garfield* [Garfield sin Garfield], para revelar la angustia existencial interior de Jon. Podrías pensar que la historieta se sentiría menos dolorosa sin los dardos del gran gato anaranjado, pero te equivocarías. De alguna manera, con Garfield en la imagen la desesperación de Jon al menos es escuchada. Sin embargo, en esta nueva tira sientes la soledad de este joven hablando desde un vacío a otro vacío. (Creo que los días de las «historietas divertidas» ya pasaron.)

Incluso al adorable *Carlitos* [Peanuts] de Charles Schulz se le ha dado un nuevo giro. Ahora tenemos una nueva tira llamada *3eanuts* que elimina el cuarto cuadro de la tira cómica tradicional de cuatro cuadros. Los creadores explicaron:

La historieta *Carlitos* de Charles Schulz suele ocultar la desesperación existencial de su mundo con una broma de clausura a cargo de los personajes. Con el último panel omitido, la desesperación lo invade todo.[3]

Por ejemplo, en una tira *3eanuts*, Carlitos se acerca al puesto de ayuda psiquiátrica de Lucy y pregunta si ella puede curar la soledad. En el cuadro dos, Lucy declara que puede curarlo todo por cinco centavos. El cuadro tres cierra con Carlitos preguntando si ella puede curar «depresión intensa, fondo negro del pozo, falta de esperanza, fin del mundo, no saber el valor de la soledad». Con eso, cierra. Ningún comentario cómico de Lucy, ningún alivio en absoluto.

La desesperación parece apelar a aquellos cuyo gusto por la comedia se inclina a lo mordaz. Hace poco descubrí un sitio web dedicado a apoyar la desesperación en todas sus malformaciones. Los creadores escribieron: «Ninguna industria ha infligido más sufrimiento que la de la motivación. Libros, conferencistas y carteles motivadores han producido miles de millones de dólares vendiendo atajos hacia el éxito y herramientas para desatar nuestro potencial ilimitado. En Despair sabemos que tales productos solo dan esperanza para frustrar a quienes los adquieren. ¡Por eso nuestros productos van directo a lo frustrante! ¡Disfruta!».[4]

Según dijera el último pesimista cómico, Woody Allen: «¡No es la desesperación la que te atrapa, es la esperanza!». Una línea divertida quizás para muchos que está totalmente lejos de la verdad. La desesperación *sí* los atrapa. Es más, la desesperación es lo único que queda cuando la esperanza ha salido del inmueble.

Expresándolo crudamente, necesitamos esperanza para vivir.

Viktor Frankl, al describir sus observaciones mientras se encontraba confinado en un campo de exterminio nazi, escribió: «El prisionero que había perdido su fe en el futuro, su futuro, estaba perdido».[5] Los nazis hallaron más fácil destruir la voluntad de vivir en alguien que ya no veía ninguna razón o propósito para permanecer en esta tierra.

He oído historias parecidas de una amiga que atiende a pacientes con cáncer. Me contó que ha visto pacientes con diagnósticos muy parecidos que reaccionan de manera muy distinta al tratamiento, dependiendo de si pensaban que tenían una buena posibilidad de recuperarse. Con esperanza, cierta lucha permanece en nosotras; sin ella, se levanta la bandera blanca.

Y veo que la desesperación aumenta en nuestros tiempos.

Tiempos de desesperanza

Recientemente, durante una mañana primaveral en Londres, me detuve en un paso peatonal esperando que el semáforo cambiara. Me encanta ver pasar a los grandes y pesados autobuses rojos de la ciudad. Cuando vivía en Londres como estudiante, el exterior de los buses por lo general anunciaba la película o el espectáculo que se estrenaba en los teatros del West End, pero nunca había presenciado algo como lo que vi esa mañana. En todo el costado del autobús aparecía un gran cartel en blanco y negro que decía: «Dios ha muerto».

Me sorprendí tanto que se me pasó la luz verde.

Más tarde ese día les pregunté a algunos amigos si habían visto los carteles. Me dijeron que estaban esparcidos por todo Londres debido a una campaña publicitaria patrocinada por ateos. ¡Qué pronunciamiento tan trágicamente lúgubre sobre una ciudad!

Por supuesto, los ateos ingleses no habían ideado el lema. Friedrich Nietzsche (filósofo y poeta alemán, hijo de un pastor luterano) acuñó la frase en el siglo diecinueve. ¡Qué humillación debieron haber sentido su padre y sus abuelos (los tres pastores) al ver que este hombre brillante no solo se alejó de los principios que le habían enseñado, sino que básicamente se estaba burlando de la obra de las vidas de sus ancestros! Nietzsche en realidad no quiso decir que algo terrible le había sucedido a Dios, sino más bien que él ya no lo necesitaba. Como cultura, habíamos matado nuestra debilidad o anhelo de tener una figura mítica en la cual apoyarnos.

No obstante, tal creencia pareció brindar poco alivio al alma de Nietzsche. Siendo un hombre todavía joven de cuarenta y cinco años tuvo una crisis nerviosa total y pasó los últimos once años de su vida sumido en una oscuridad interior, primero en un asilo en Basilea, y luego bajo el cuidado de su madre hasta que murió. ¡Cómo debió haber atormentado a su madre, una seguidora comprometida de Cristo, ver a su hijo morir en tal desolación interior!

«He tratado de creer»

Una de las maneras más seguras de hacer que las madres se sientan tentadas a caer en la desesperación y la desesperanza es que sus hijos se alejen o rechacen abiertamente la fe en Cristo. En un evento reciente alguien deslizó un sobre en el bolsillo lateral de mi maletín. Una madre había garabateado una nota en la parte posterior de una carta lacónica escrita a máquina, tachándole la firma al final. Simplemente escribió lo que sigue.

> Mi hijo dejó esta nota antes de matarse:
> He tratado de creer
> He intentado tener esperanza
> Ya no puedo soportarlo más
> ¡Perdóname, por favor!

Lloré cuando leí esa nota. Lloré por el muchacho atrapado en tal desesperación que no vio otra salida a su dolor que acabar con su propia vida. Lloré por la madre que ya no pudo sostener a su hijo para decirle que todo iba a estar bien. No sé qué estaba ocurriendo en la vida de ese joven, pero si él se mantuvo luchando con una enfermedad mental, sé que debieron haber llegado muchos momentos en que no pudo levantar la cabeza por sobre la niebla.

Aquellos que nunca han transitado por tan lamentable senda posiblemente no puedan entender. La enfermedad mental no aparece en los rayos X. Las tormentas mentales interiores de los que luchan con la bipolaridad o la esquizofrenia no se parecen a nada más. Estas cambian el paisaje de los que sufren y hacen que les sea imposible distinguir entre lo real y lo irreal.

Durante mi hospitalización por depresión clínica llegué a estar muy cerca de una chica que luchaba con la esquizofrenia. Como cristiana ella amaba a Dios y confiaba en él. Aun así, esta enfermedad la había atormentado por años, como lo había hecho con su madre. El desafío más difícil de la vida de esta muchacha provino de la forma en que otros creyentes la trataban.

La ignorancia puede dar lugar a un púlpito cruel y amedrentador.

La joven contó en su grupo cómo muchas personas habían tratado de expulsar demonios de ella. Se negaban a reconocer a la esquizofrenia como una «enfermedad válida». A pesar de todo, esta joven mujer conservó una fe pura y sencilla. Ella me dijo: «Sé que Dios puede sanarme en algún momento, pero también sé que puede sostenerme cuando necesito saber que él está allí y el enemigo me dice que estoy totalmente sola».

Para esta querida chica, una sola palabra se había convertido en su oración: «¡Jesús!». Cuando la tormenta interior rugía y ella apenas podía soportarla, había aprendido a correr hacia el poder que se halla en el nombre de nuestro Salvador resucitado: Jesucristo.

Muchas sendas hacia la desesperación

La debilidad física o mental puede llevar a la desesperación, pero muchos senderos pueden conducirnos hasta allí.

«Mi hija está de nuevo en rehabilitación, por tercera vez... estoy desesperada porque algún día quede limpia».

«He estado tratando de concebir un hijo durante dos años. Me desespero por llegar a ser madre en algún momento».

«Mi esposo ha estado sin trabajo durante dieciocho meses. ¿Cómo encontrará un nuevo empleo a su edad?».

«El cáncer de mi hija regresó. ¡Ella solo tiene cinco años de edad! ¿Por qué Dios permite que esto suceda?».

El escritor estadounidense Edgar Alan Poe tuvo una vida trágica. Nunca conoció a sus padres. Su papá se fue poco después de que él naciera, y su madre murió antes de que Poe cumpliera cuatro años. Se casó con Virginia cuando ella solo tenía trece años (algunas fuentes dicen que tenía catorce), pero su muerte a los veinticinco produjo el ataque final. La desesperación que acosó a Edgar Alan Poe aparece claramente en sus escritos, pero nunca tanto como en su más lúgubre y famoso poema, «El cuervo». Este cuenta la historia de un hombre llevado a la locura por la muerte de Leonora, la mujer que amaba.

A solas en su habitación, el hombre oye un toque en la ventana. Cuando la abre, el cuervo entra volando. Esta siniestra ave se posa en la puerta de su recámara y pronuncia un par de palabras: «Nunca más».

Sin importar lo que le pregunte al pajarraco, la respuesta sigue siendo la misma: «Nunca más». El obsesionante mensaje del ave resuena claramente en el corazón destrozado de Poe: nunca volverá a ver a su joven esposa. El poema concluye de este modo:

> Y mi alma, fuera del círculo de esta sombra que yace flotante sobre
> el suelo,
> no podrá volver a elevarse. ¡Nunca más!

Si nuestra esperanza es solo para esta vida, tenemos buenas razones para desesperarnos. Sin embargo, para los cristianos la gloriosa verdad yace en todas partes. Sí, esta vida es un regalo precioso, pero fugaz. Nuestra verdadera vida permanece segura, guardada con Dios, donde ni la enfermedad ni la desesperación pueden tocarla. Consideremos cuán diferente es para un hombre que también enfrentó la pérdida de aquellos a los que amaba... pero con fe:

> De paz inundada mi senda ya esté,
> O cúbrala un mar de aflicción,
> Cualquiera que sea mi suerte, diré:
> «Estoy bien, tengo paz, ¡gloria a Dios!».
> Estoy bien, ¡gloria a Dios!
> Tengo paz en mi ser, ¡gloria a Dios!

> Ya venga la prueba o me tiente Satán,
> No amenguan mi fe ni mi amor;
> Pues Cristo comprende mis luchas, mi afán,
> Y su sangre obrará en mi favor.
> Estoy bien, ¡gloria a Dios!
> Tengo paz en mi ser, ¡gloria a Dios!

> Feliz yo me siento al saber que Jesús,
> Libróme de yugo opresor;
> Quitó mi pecado, clavólo en la cruz:

Gloria demos al buen Salvador.
Estoy bien, ¡gloria a Dios!
Tengo paz en mi ser, ¡gloria a Dios!

La fe tornaráse en feliz realidad
Al irse la niebla veloz;
Desciende Jesús con su gran majestad:
«Estoy bien, con mi Dios. ¡Aleluya!».
Estoy bien, ¡gloria a Dios!
Tengo paz en mi ser, ¡gloria a Dios![6]

Este amado himno, escrito por Horatio Spafford después que sus hijas se ahogaran en el mar, refleja la esperanza que se niega a dejar anidar a la desesperanza.

Sí, la desesperación puede irrumpir de visita en tu vida, o incluso quedarse por en poco de tiempo. Sin embargo, no *definirá* una vida que espera en Dios.

Los muchos rostros de la desesperación

Analicemos las maneras en que la desesperación llega a nosotros. Noah Webster definió la desesperación en tres formas.

1. Desesperanza: falta total de esperanza o expectativa.
2. Lo que ocasiona desesperación; aquello para lo que no hay esperanza.
3. Perder la esperanza en la misericordia de Dios.[7]

Esa tercera definición lleva la desesperanza hasta un lugar dolorosamente tenebroso que me hiela hasta la médula. ¡Qué lugar tan desolado y aterrador! Parece como acampar en el lado oscuro de la luna. He conocido la angustia, la desilusión, la pérdida y la desesperación... pero no de *ese* tipo. A veces he perdido la esperanza en la misericordia de otros o la voluntad para ofrecer misericordia; pero nunca he perdido la esperanza en la misericordia de Dios. Ni siquiera puedo imaginarlo. Esa sería una noche desprovista de luz: sin luna ni estrellas, ni siquiera antorchas diminutas titilando en la lejanía... una noche lúgubre por completo y trágicamente silenciosa. La tercera definición de Webster nos brinda una clara distinción que creo debemos tener en cuenta. No habla de perder la esperanza en la existencia de Dios, sino de perder la esperanza en su misericordia.

Tengo una carta anónima sobre mi escritorio que me ha llevado a derramar muchas lágrimas. No tengo manera de contactar en persona a la mujer que la escribió, y eso empeora el dolor. No puedo hacer más que presentarla ante nuestro Padre mientras ella vacila al borde del precipicio de la desesperación:

> Me está matando la culpa por la muerte de mi hijo de cuatro años y medio debido al SMIS (síndrome de muerte infantil súbita). He fracasado en mi matrimonio y ahora mismo me estoy divorciando. Tengo planeado acabar pronto con mi vida.

Esta querida hermana se está ahogando en el peor tipo de tormenta, maltratada por ola tras ola de acusaciones. Puedo imaginar las mentiras satánicas martillándola ahora:

> *Mataste a tu propio hijo. ¿Qué clase de madre eres?*
> *¿Por qué dejaste ir a tu esposo? Él te culpa... ¡todos lo hacen!*
> *¡Sería mejor que estuvieras muerta!*

Mientras oro por ella cada día, clamo a Dios que le ofrezca su misericordia, lo que el corazón desesperado más anhela y necesita. Si has experimentado ese tipo de agonía, me gustaría detenerme aquí y recordarte algunos hechos inquebrantables.

> El gran amor del Señor nunca se acaba,
> y su compasión jamás se agota.
> Cada mañana se renuevan sus bondades;
> ¡muy grande es su fidelidad! (Lamentaciones 3.22 -23)

Cuando el enemigo te dice que has ido demasiado lejos, que muy bien podrías acabar con todo, que de todas formas no le importas a nadie, debes correr hacia este lugar donde está la verdad y afirmarte allí. El gran amor de Dios *nunca* se acaba. Su compasión *jamás* se agota. Cópialo en una tarjeta y llévala contigo. Léela una y otra vez hasta que esta realidad empiece a ser parte de cada fibra de tu corazón. Tal vez no siempre *sientas* que esto es verdad, pero siempre *permanece* siendo cierto. Vivir por fe significa alinear lo que sentimos con lo que Dios ha dicho. Como mujeres, nuestros sentimientos pueden llevarnos en un viaje lleno de altibajos, como el de una montaña rusa, pero la Palabra de Dios es el cinturón de la verdad que nos mantiene en nuestro lugar.

Pero Dios, que es rico en misericordia, por su gran amor por nosotros, nos dio vida con Cristo, aun cuando estábamos muertos en pecados [...] Porque por gracia ustedes han sido salvados mediante la fe; esto no procede de ustedes, sino que es el regalo de Dios, no por obras, para que nadie se jacte. Porque somos hechura de Dios, creados en Cristo Jesús para buenas obras, las cuales Dios dispuso de antemano a fin de que las pongamos en práctica. (Efesios 2.4–5, 8–10)

¡Qué descripción: hechura de Dios! A menudo me siento más como una pintura de Picasso que como una de Rembrandt, con un tercer oído sobresaliéndome del cuello y las piernas dobladas hacia atrás. Sin embargo, Pablo permaneció firme: *el amor de Dios es un regalo*. No hicimos nada para ganarlo y, justo en las mismas fauces de las mentiras del enemigo, no podemos hacer nada para perderlo.

Escaramuzas continuas

No obstante, tanto tú como yo sabemos que las preguntas difíciles permanecen, preguntas tan reales que no desaparecerán.

¿Por qué no puedo tener un hijo?

¿Por qué no sanaste a mi esposo?

¿Por qué no detuviste a ese chofer borracho antes de que golpeara y matara a mi hijo?

Poner al enemigo y sus mentiras en su lugar y afirmarte en la verdad de las promesas de Dios, ambas acciones esenciales, no llenan todos los huecos del rompecabezas, ¿verdad? Un par de piezas permanecen perdidas, pero por mucho que las busquemos, simplemente no podremos hallarlas.

Dios permite que cosas terribles pasen.

Él podía evitarlas y no lo hizo.

A la luz de estas dos realidades dolorosas (las cuales dudo que muchos de los que aman a Dios negarían), ¿cómo pasamos de la desesperación a la fe?

Tal vez antes de que podamos empezar a hacer ese movimiento debamos reconocer una vez más que estamos en guerra. En nuestra cultura acaudalada y relativamente segura, podemos adormecernos hasta dormirnos con facilidad y olvidar que una gran batalla ruge a nuestro alrededor: noche y día, sin cesar nunca.

Cuando era niña, me encantaba oír a mi madre contar historias de sus experiencias en la Segunda Guerra Mundial. Aún conserva su libreta de racionamiento. La comida escaseaba durante los seis largos años en que la nación británica peleó contra la Alemania de Adolfo Hitler, así que artículos valiosos como azúcar, mantequilla, harina, huevos y frutas se racionaban de acuerdo a la cantidad de personas en cada familia. Todas las tardes, cuando el sol empezaba a ponerse, mamá, sus hermanos y su hermana colocaban cortinas oscuras para que los bombarderos alemanes no pudieran ver ni siquiera un rayo de luz que saliera de la casa. Sin el beneficio de las farolas, ella se abría paso al lugar del culto los domingos por la tarde, y si las sirenas antiaéreas dejaban de sonar, mi madre sabía que solo tenía unos minutos para buscar un refugio antes de que las bombas empezaran a caer.

A pocos kilómetros de su casa se hallaba un campamento con prisioneros alemanes de guerra, capturados ya sea debido a que un avión había sido derribado o un paracaídas había caído demasiado cerca de las milicias populares. Un joven aviador alemán cayó una vez justo en el patio de la casa de mamá, y ella observó cuando los soldados lo arrestaron y se lo llevaron.

«No olvidamos ni por un instante que estábamos en guerra», solía decir.

¡Ojalá yo pudiera decir lo mismo! En mi mente sé intelectualmente que estamos en guerra espiritual, pero también quiero ver la última película o arreglarme las uñas. Me preocupo por cosas como el hecho de que Christian tenga demasiadas tareas o al perro le salga un quiste en la pata. Todas tenemos tales preocupaciones; esa es la vida, y tenemos que vivirla.

Sin embargo, debemos mantenernos siempre enfocadas en algo. La cruz nos dice que aunque básicamente la guerra acabó, las escaramuzas mortales continúan hasta que Cristo regrese o nos vayamos para estar con él. El novelista británico H. G. Wells acuñó la frase: «Si no acabamos con la guerra, la guerra acabará con nosotros», y el presidente estadounidense Woodrow Wilson la hizo famosa en su descripción de la Primera Guerra Mundial. No obstante, la frase idealista pronto se volvió algo burlesco, porque un poco más de veinte años después del armisticio estalló una guerra aun mayor.

Para nosotras, la cruz se levanta como la guerra que acaba con todas las guerras, así como el derramamiento de la sangre de Jesús se convirtió en el sacrificio que terminó con los demás sacrificios. Todo lo que creemos como cristianas se centra alrededor de la cruz, pero a veces olvidamos lo que esta logró, y por lo tanto vivimos como los que no tienen esperanza.

Cómo vivir por fe en la misericordia de Dios

En su libro *Power and Passion* [Poder y pasión], Simon Wells escribió:

> En ocasiones creo que si le preguntáramos a nuestro Padre celestial
> cuál fue la peor parte de la cruz, él haría una pausa por un buen rato

y diría: «El sacrificio de mi Hijo unigénito... esa fue la mitad de la peor parte». Y si esperáramos en terrible silencio y finalmente tuviéramos valor para preguntar: «¿Cuál fue la otra mitad?», él diría: «La otra mitad es que dos mil años después nadie entiende lo que sucedió».[8]

No estoy segura de que Dios diría *realmente* tal cosa, pero capto el punto de Wells. La cruz resolvió por completo la clase de desesperación que Webster describió como perder la esperanza en la misericordia de Dios, pero tenemos que *recibir* esa esperanza *por fe*. ¡Si tan solo FedEx pudiera entregar esperanza, con qué facilidad la hallaríamos todos!

¿Cómo debe ser una mujer de fe? Si me hubieras hecho esa pregunta cuando estaba en mis veinte o mis treinta, creo que habría respondido: «Alguien que nunca duda de Dios».

Ya no creo eso.

Tampoco creo que la Biblia enseñe tal idea.

Escucha lo que el libro de Hebreos dice acerca de una mujer que vivió por allá en la época de Génesis:

> Por la fe también la misma Sara, siendo estéril, recibió fuerza para concebir; y dio a luz aun fuera del tiempo de la edad, porque creyó que era fiel quien lo había prometido. Por lo cual también, de uno, y ése ya casi muerto, salieron como las estrellas del cielo en multitud, y como la arena innumerable que está a la orilla del mar. (Hebreos 11.11–12, RVR60)

Mientras esta mañana leía de nuevo este pasaje, me descubrí hablando en voz alta con el escritor. Los eruditos aún debaten quién escribió el libro de Hebreos: ¿Pablo? ¿Bernabé? ¿Lucas? ¿Apolos? Sin embargo, mi pregunta para el autor sigue siendo la misma: «Amigo, ¿cuánto tiempo ha pasado desde que leíste Génesis?».

Incluso una rápida mirada a través del primer libro de la Biblia revela mucho más de la historia de Sara que el hecho de que ella «tuvo fe y le creyó a Dios». Pienso que es maravilloso que el escritor la recordara de ese modo, pero debemos mirar de nuevo la parte crucial de la historia. ¡Créeme, Sara no logró que la incluyeran en Hebreos 11 de la noche a la mañana! Si convertirnos en Women of Faith implicara que nunca vaciláramos o dudáramos, Sara nunca hubiera pasado la ronda de clasificación. Escuchamos hablar de ella por primera vez en Génesis 11.

> Ésta es la historia de Téraj, el padre de Abram, Najor y Jarán. Jarán fue el padre de Lot, y murió en Ur de los caldeos, su tierra natal, cuando su padre Téraj aún vivía. Abram se casó con Saray, y Najor se casó con Milca, la hija de Jarán, el cual tuvo otra hija llamada Iscá. (Génesis 11.27–29)

Esta es más que una genealogía aburrida. Observa que cuando el texto enumera a los hijos de Téraj, nos da los nombres de solo tres chicos: Abram, Najor y Jarán. No obstante, ¿sabías que también tuvo una hija llamada Saray? (En este punto de la historia sus nombres aún no habían sido cambiados a Abraham y Sara.) Aunque Abram y Saray tenían diferentes madres, Téraj los engendró a ambos. En esos días, la cultura no valoraba a las hijas tanto como a los hijos, por lo que a Saray simplemente se le menciona como esposa de Abraham.

Como si eso no fuera suficiente insulto, observa el doble golpe: «Pero Saray era estéril; no podía tener hijos» (11.30). Así que, ¿quién era Saray? ¿Cómo la identificaban las personas? «Ella es la esposa de Abram y no puede tener hijos».

La infertilidad en el mundo antiguo era un desastre para una mujer. ¡Saray conocía el sabor de la desesperación! Conocía incluso la clase de desesperación que Noah Webster describió como perder la esperanza en la misericordia de Dios. La cultura en la época de Saray veía a los niños como una señal de la bendición divina, por lo tanto, no tenerlos significaba haber recibido una maldición de parte de Dios.

A partir de una primera lectura a la historia de Saray, fácilmente podemos concluir que Dios la veía en gran medida como lo hacía la cultura dominada por los varones. Incluso el primer llamado que recibió Abram no decía nada acerca de Saray:

El Señor le dijo a Abram: «Deja tu tierra, tus parientes y la casa de tu padre, y vete a la tierra que te mostraré. Haré de ti una nación grande, y te bendeciré; haré famoso tu nombre, y serás una bendición. Bendeciré a los que te bendigan y maldeciré a los que te maldigan; ¡por medio de ti serán bendecidas todas las familias de la tierra!». (Génesis 12.1–3)

Observa cuántas veces Dios usa la *segunda* persona del singular. No dice «tú y Saray»; solo «tú». Podrías estar pensando: *no es para tanto. ¡Es obvio que Dios se refería a ambos; después de todo, ella era la esposa de Abram!* Cierto. Sin embargo, ¿recuerdas que en este punto de la historia Abram tiene setenta y cinco años y ella sesenta y cinco? ¿Cómo podría una mujer de sesenta y cinco años, que nunca había podido concebir, pensar que *ella* posiblemente pudiera estar incluida en tal promesa? Y si esta promesa (que según parece la excluía) era suficiente para sumir a Saray en la desesperación, el asunto se puso peor.

A medida que los años pasaban, Abraham se preguntaba qué pasaría con todo lo que él poseía si no tenía heredero. No obstante, Dios había dejado en claro que el hombre tendría su propio hijo.

¡No! Ese hombre no ha de ser tu heredero —le contestó el Señor—. Tu heredero será tu propio hijo. (Génesis 15.4)

Sara ya había permitido que sucedieran muchas cosas que nunca debieron ocurrir. Dejó que Abraham la entregara en manos del rey de Egipto, haciéndola pasar por su hermana (una verdad a medias). ¡Todavía no había mucho material para una «mujer de fe»! Y cuando Abraham le contó que Dios le había prometido un heredero, Sara se desesperó.

La desesperación puede obligarnos a hacer locuras. ¿Te has sentido así alguna vez? Sabes que Dios ha prometido proveerte lo que necesitas, pero su tiempo difiere radicalmente del tuyo, de modo que tomas el asunto en tus propias manos. Una amiga mía se cansó tanto de esperar un esposo cristiano que siguió adelante y se casó con un hombre sin fe.

Pude ver la desesperación grabada en las pequeñas líneas alrededor de sus ojos. La desesperación nos hace racionalizar.

Si no me caso ahora, nunca podré tener hijos.
Si no le doy a este tipo lo que quiere, lo perderé.
Si no actúo, nunca volveré a tener tal oportunidad.

Mi amiga padeció una gran cantidad de dolores de cabeza durante muchos años. Igual sucedió con Sara.

La cultura de la época de Sara aceptaba la maternidad sustituta, por lo que ella incitó a Abraham para que durmiera con Agar, su sierva. Él lo hizo, y nueve meses después Agar dio a luz un niño, Ismael. Puedes leer toda la historia en Génesis 16, pero es posible resumir la decisión en una palabra.

¡Desastre!

Aunque todo el mundo ve al niño como hijo de Abraham, nadie lo reconoce como perteneciente a Sara. Ismael entra al hogar de su supuesta madre cuando ella tiene setenta y cinco años... y siguen trece años de silencio.

Silencio. ¿Hay algo más difícil de soportar? Durante trece largos y tortuosos años Sara tiene que ver jugar a Abraham con un niño que no es de ella.

Dios se ha olvidado de mí.

De rodillas, has puesto tu solicitud urgente delante de Dios. ¿Y qué obtienes? Silencio.

Oras por un esposo. Silencio.

Ruegas por un hijo. Silencio.

Necesitas un trabajo. Silencio.

Le has pedido a Dios una señal de que él está contigo. Silencio.

El silencio se siente como un confinamiento solitario. Tocas a una puerta que nunca se abre. Llamas a un número que suena, suena y suena, y nunca alguien contesta, ni siquiera una máquina. Gritas dentro de un cañón sin siquiera recibir un eco. Te sientas sola en medio de la oscuridad y ni siquiera los grillos te hacen compañía. Sara no podía hacer nada mientras los años silenciosos transcurrían.

¿Ves por qué cuestioné al escritor de Hebreos? No mucho en la historia hasta este punto califica a Sara para el Salón de la Fe... y hay algo maravilloso al respecto.

Nosotras vemos nuestros fracasos y nuestra falta de fe, pero *Dios* ve aquello en lo que nos convertiremos cuando su Espíritu obre fielmente a través de los pedazos destrozados de nuestras vidas. El tiempo de Dios siempre se adapta perfectamente a sus planes, aunque a veces trate sin miramientos al nuestro, algo que Sara estaba a punto de ver.

> También le dijo Dios a Abraham: A Saray, tu esposa, ya no la llamarás Saray, sino que su nombre será Sara. Yo la bendeciré, y por medio de ella te daré un hijo. Tanto la bendeciré, que será madre de naciones, y de ella surgirán reyes de pueblos. (Génesis 17.15–16)

¡Por fin Dios pronunció el nombre de Sara!

El expediente de esta mujer *no* se había perdido en alguna trastienda de la parte administrativa del cielo. A los ochenta y nueve años de edad, finalmente Sara se enteró del plan que Dios había puesto en marcha mucho tiempo antes. Quedó embarazada y dio a luz a un hijo a los noventa años. Imagina si tal cosa ocurriera hoy día. ¡Ella aparecería en el programa del *Doctor Phil*!

Sara fue una mujer de fe, alguien que soportó las tormentas de la vida, que no son diferentes a las que nos golpean a cada una de nosotras. Una mujer de fe se aferra a la verdad, aunque nada parezca tener sentido para ella, sabiendo que su fe se halla (y descansa) en la obra concluida de Cristo.

¿Qué puede hacer entonces la madre que se aferró a la esperanza tanto como pudo antes de que su hijo se quitara la vida? ¿Qué respuesta puede dar ella ante la mentira que el enemigo le susurra: *«Todo acabó»*? Recomiendo una muy corta: *«¡No es así!»*.

Debido a Cristo, podemos perder una batalla, pero aun así ganamos la guerra.

PERMANECE FIRME EN MEDIO DE TU TORMENTA

Por consiguiente, ¿qué podemos aprender tú y yo de la historia de Sara?

1. Sara nos enseña a no dejar que la desesperación tome nuestras decisiones. Cuando sientas ese pánico urgente que te agita el alma e insiste en que *tienes* que hacer algo ahora o explotarás... detente. Espera en Dios. Pídele que restaure tu esperanza en medio de la tormenta.

¿Recuerdas cómo el salmista David solía hablar para sí mismo cuando sentía los dedos helados de la desesperación?

> ¿Por qué voy a inquietarme?
> ¿Por qué me voy a angustiar?
> En Dios pondré mi esperanza
> y todavía lo alabaré.
> ¡Él es mi Salvador y mi Dios!
> Me siento sumamente angustiado;
> por eso, mi Dios, pienso en ti. (Salmos 42.5 -6)

2. Cuando sientas que no puedes soportar un momento más, recuerda las palabras de Pablo: «Ustedes no han sufrido ninguna tentación que no sea común al género humano. Pero Dios es fiel, y no permitirá que ustedes sean tentados más allá de lo que puedan aguantar. Más bien, cuando llegue la tentación, él les dará también una salida a fin de que puedan resistir» (1 Corintios 10.13).

3. Así como Dios siempre tuvo a Sara en sus manos amorosas y misericordiosas, del mismo modo te sostiene a ti con bondad y fuerza. Cuando te sientas abrumada por la desesperación, Pedro te recuerda a dónde llevarla: «Depositen en él toda ansiedad, porque él cuida de ustedes» (1 Pedro 5.7).

4. La manera más poderosa de poner a la desesperación con determinación en su lugar es edificando una firme convicción de la realidad del cielo, y *no* simplemente un conocimiento pasajero de un mejor lugar en alguna parte, algún día. Eso es lo que Pablo quiso decir cuando escribió:

Nos vemos atribulados en todo, pero no abatidos; perplejos, pero no desesperados; perseguidos, pero no abandonados; derribados, pero no destruidos. Dondequiera que vamos, siempre llevamos en nuestro cuerpo la muerte de Jesús, para que también su vida se manifieste en nuestro cuerpo. (2 Corintios 4.8–10)

¡Esa es nuestra esperanza eterna! Y la misericordia de Dios es nuestra compañía eterna.

Padre Dios:

Creo que en la cruz le asestaste un golpe letal a la desesperación. Sin embargo, a veces todavía me invade, y siento que mi esperanza se ahoga. Ayúdame a recordar lo que *es* verdad, sin importar lo que *siento* que es cierto por un momento. Gracias porque mi esperanza está en ti y tú nunca me abandonas.

Amén.

CAPÍTULO DIEZ

En un día despejado podemos ver el hogar

De la ira a la restauración

Estuve enojado con mi amigo: revelé mi ira, y mi ira terminó.
Estuve enojado con mi enemigo: no la revelé, y mi ira creció.

—WILLIAM BLAKE, *Cantos de experiencia*

Por lo tanto, dejando la mentira, hable cada uno a su prójimo con
la verdad, porque todos somos miembros de un mismo cuerpo. «Si
se enojan, no pequen». No dejen que el sol se ponga estando aún
enojados, ni den cabida al diablo.

—Efesios 4.25–27

Nuestro hijo Christian desarrolló a los cinco años de edad un mecanismo de supervivencia que nos asustó al mismo tiempo que nos entretuvo.

Si se sentía frustrado, contenía la respiración, inflaba sus pequeñas mejillas, y apretaba los puños hasta que se ponía tan colorado que parecía listo para estallar. Intenté impedirlo, pero se aferraba tanto a este nuevo comportamiento que se miraba en el espejo, como un actor que estudia para la noche de estreno.

—Bebé, ¿por qué te has dedicado a contener el aliento? —le pregunté una mañana durante el desayuno.

—Mami, ¿no se te ha ocurrido pensar que si algo no cambia, podrías explotar? —contestó mirándome con sus grandes y emotivos ojos cafés.

Todavía lo hago. A veces creo que todos lo hacemos. De las bocas de los bebés... ¿verdad? Entendí por completo a quién había salido, a pesar de solo tener cinco años de edad.

Uno de los aspectos más desafiantes de vivir en un planeta destrozado es que muchas cosas nos hacen sentir que podríamos estallar si no cambian. Ya sea que sientas que tu hijo ha recibido un trato injusto en la escuela, que a tu esposo no lo están considerando para un ascenso en su trabajo, o que a «esa mujer» se la pasen pidiéndole que haga cosas en la iglesia cuando muchos otros parecen tan dispuestos y capaces, la vida tiene una buena cantidad de momentos explosivos personales.

Una vez recibí una iracunda llamada de una mamá cuya hija iba a la escuela con Christian. Apenas podía hablarme en medio de su rabia y sus lágrimas. Tartamudeando me contó que mi hijo le había lanzado una pelota a un amigo, pero que erró el tiro e hizo caer de un columpio a su hija. La niña estaba bien, pero la mamá parecía fuera de sí. Escuché hasta que se le pasó la furia, y luego le dije que investigaría el caso. Cuando le pregunté si podía orar por ella, comenzó a sollozar.

En ocasiones solo se necesita algo definitivo y pequeño para lanzarnos del borde del abismo. Si somos de las que se guardan las cosas (y muchas de nosotras lo somos) vamos acumulando un ataque importante tras otro, y la pila de leña se hace más y más alta, hasta que surge una chispa y... ¡pum!

Las lágrimas de pura frustración acompañan con frecuencia a esos momentos, ya que sabemos que algo más nos está pasando por dentro aparte del hecho de que por tercera vez esta semana la secadora se haya llevado misteriosamente varias medias al planeta de los calcetines perdidos. La frustración no tratada se puede convertir en ira, la cual puede llevar de manera repentina e inesperada a la furia cuando se le hace caso omiso.

¿Cuántos de los altercados que tienes con tu esposo y tus hijos parecen un poco fuera de control y proporción? Sí, resulta molesto que tu hijo adolescente mantenga emparedados fosilizados en su alcoba, y que tu esposo al parecer nunca pueda levantar del suelo su ropa interior y llevarla esos últimos siete metros hasta el cesto de la ropa sucia, pero el modo en que nos sentimos con respecto a estas situaciones a menudo indica que hay mucho más en ebullición debajo de la superficie.

Casi nunca se trata de «ira por la ropa interior».

La frustración puede abrirle la puerta a la ira y la furia. Cuando nos sentimos impotentes, hallamos demasiado fácil ocultar nuestras emociones en las profundas bodegas de nuestras almas. Sin embargo, cuando do hacemos eso, tan solo añadimos a lo que mi amiga (y dramaturga) Nicole Johnson llama «vertederos de combustible». Sin querer, saturamos nuestras almas con material inflamable. ¡Que Dios tenga misericordia de quien inocentemente encienda un fósforo en lo alto del montón!

Un camino a sitios más siniestros

Un fuerte sentimiento de frustración y rabia puede llevar a lugares mucho más sombríos que hacer una furiosa llamada telefónica. Estudios recientes sobre el acoso y la violencia escolar cuentan historias de hombres y mujeres jóvenes que sienten que no tienen voz.

> La mayoría de los alumnos relacionados con actos violentos en los colegios, desde Columbine hasta el más reciente en Elmira, N.Y., en el que un estudiante llevó bombas y armas de fuego a la institución, estaban alienados y no tenían un sentido de pertenencia con respecto al colegio y los otros alumnos. Alienación, aislamiento, maltrato verbal, todo [obra] para provocar rabia en una persona y [contribuir] a la latente hostilidad, a una sensación de desquite incluso cuando nadie está mirando.[1]

Desde la masacre en Newtown, Connecticut, la indignación pública ha alcanzado un punto máximo histórico. Cuando algo no tiene sentido para nosotros, tenemos una necesidad innata de señalar con el dedo para encontrar una razón de por qué sucedió lo irrazonable. Si tenemos alguien a quien culpar, nos sentimos más en control; si podemos castigarlo, quizás no vuelvan a ocurrir cosas malas. En los días y semanas que siguieron al tiroteo en la escuela primaria Sandy Hook, ciudadanos indignados montaron plataformas de varios tipos para ofrecer discursos apasionantes y convincentes.

«¡Necesitamos un control apropiado de las armas de fuego!».

«Las armas no matan a las personas... las personas matan personas».

«Sacaron a Dios de nuestras escuelas, ¡y esta es la consecuencia!».

Por buenos o malos que sean estos argumentos, me pareció duro escuchar tales apasionados discursos mientras las familias enterraban a sus hijos.

Es fácil y tentador simplemente politizar la rabia que lleva a tales tragedias, pero no se trata de un asunto partidista, sino de una enfermedad del corazón humano.

¿Qué dice Dios acerca de la ira?

He dicho que hallamos nuestra esperanza en el trono de la misericordia; sin embargo, como mujeres cristianas, ¿llevamos allí nuestra ira?

La ira tiende a hacernos sentir incómodas. Mientras nuestra sociedad percibe a menudo a un hombre enojado como apasionado y fuerte, no pocas veces considera a una mujer enojada como fuera de control (y a menudo la califica con un término peor).

La Palabra de Dios tiene mucho que decir en cuanto a la ira. La presenta como justificable e injustificable.

Obtenemos una imagen de la ira justa cuando Moisés bajó del monte Sinaí después de recibir los Diez Mandamientos. Su ira ardió al ver una escena de desvergonzada adoración a los ídolos entre su pueblo.

Cuando Moisés se acercó al campamento y vio el becerro y las danzas, ardió en ira y arrojó de sus manos las tablas de la ley, haciéndolas pedazos al pie del monte. Tomó entonces el becerro que habían hecho, lo arrojó al fuego y, luego de machacarlo hasta hacerlo polvo, lo esparció en el agua y se la dio a beber a los israelitas. (Éxodo 32.19–20)

En los primeros años del rey Saúl, vemos que el Espíritu Santo puede incitar a la ira:

Al oír Saúl estas palabras, el Espíritu de Dios vino sobre él con poder; y él se encendió en ira en gran manera. (1 Samuel 11.6, RVR60)

En la vida de Cristo vemos la ira justa perfectamente representada:

Entonces Jesús le dijo al hombre de la mano paralizada:
—Ponte de pie frente a todos.
Luego dijo a los otros:
—¿Qué está permitido en sábado: hacer el bien o hacer el mal, salvar una vida o matar? Pero ellos permanecieron callados. Jesús se les quedó mirando, enojado y entristecido por la dureza de su corazón, y le dijo al hombre:
—Extiende la mano.
La extendió, y la mano le quedó restablecida. (Marcos 3.3–5)

Cristo sintió ira porque la letra de la ley había tomado el lugar de la misericordia. Y le enfureció que aquellos a quienes Dios había ordenado para que sirvieran como canales de la misericordia divina no hubieran entendido.

La Biblia también nos da un modelo para reconocer la ira descontrolada e impía:

Abel también presentó al Señor lo mejor de su rebaño, es decir, los primogénitos con su grasa. Y el Señor miró con agrado a Abel y a su ofrenda, pero no miró así a Caín ni a su ofrenda. Por eso Caín se enfureció y andaba cabizbajo. Entonces el Señor le dijo: «¿Por qué estás tan enojado? ¿Por qué andas cabizbajo? Si hicieras lo bueno, podrías andar con la frente en alto. Pero si haces lo malo, el pecado te acecha, como una fiera lista para atraparte. No obstante, tú puedes dominarlo». (Génesis 4.4–7)

Los comentaristas han sugerido una variedad de razones para explicar por qué Dios no aceptó la ofrenda de Caín. Algunos afirman que no ofreció un sacrificio de sangre; pero incluso el código mosaico, presentado mucho después, estipulaba algunos sacrificios en que no se empleaba la sangre. Mi propia teoría es que el corazón de Caín se había desviado. Dios vio la malvada competencia que agitaba el corazón de Caín, y también a dónde podía llevarlo. Por eso el Señor le advirtió y le dio una oportunidad de cambiar, pero Caín la rechazó; y en vez de controlar su ira, esta lo controló a él, llevándolo a asesinar a su hermano.

La Biblia vincula claramente la capacidad de dominar la ira con la sumisión al Espíritu Santo. Mientras más endurezcamos nuestros corazones frente a la voz que nos llama a volvernos de rodillas al corazón del Padre, más nos alejamos de la gracia y la salvación.

Vemos este principio profundamente ilustrado en la vida del rey Saúl, una de las más grandes tragedias del Antiguo Testamento.

La relación celos-ira

Saúl, el primer rey de Israel, tenía mucho a su favor, pero el enemigo conocía las debilidades de este hombre y jugueteó con ellas de manera brutal. El vanidoso Saúl tuvo una racha de celos... y cuando se les da rienda suelta a los celos, llevan al desastre.

Un joven pastor llamado David se paró una vez delante de Saúl y le dijo que aunque el miedo le impedía a todo hombre en el ejército del rey pelear contra Goliat, él enfrentaría al gigante. El muchacho desafió por sí solo a este inhumano y peculiar soldado y lo derribó con una piedra colocada estratégicamente en medio de los ojos. David aprendió a amar a Saúl, y cuando veía que el rey batallaba con sus demonios internos, tocaba el arpa para él, proveyendo una adoración inspirada en el Espíritu a fin de calmar al rey y restaurarle la esperanza.

Saúl hubiera sido, pudo y debió haber sido un magnífico rey. Sin embargo, aunque Dios tenía un plan para la vida de este hombre, el enemigo también tenía un plan. Y las dos agendas eran tan diferentes como podían serlo. Satanás intentó destruir a Saúl y al mismo tiempo eliminar a David, el elegido de Dios. Solo puedo imaginar la inmundicia enconada que se revolvía dentro del rey Saúl.

¿Ves a ese muchacho? Él trata de tomar tu lugar.
¡Mira cómo lo ama tu pueblo!
Él se está volviendo más popular cada día... tendrás que hacer algo al respecto.

Déjame decirlo otra vez: darles rienda suelta a los celos siempre conduce al desastre. La Biblia registra cómo Saúl permitió que su mente llegara a estar tan contaminada por las mentiras satánicas que ya no pudo discernir la verdad.

Al oír esto, Saúl se enfureció con Jonatán.

—¡Hijo de mala madre! —exclamó—. ¿Crees que no sé que eres muy amigo del hijo de Isaí, para vergüenza tuya y de tu desgraciada madre? Mientras el hijo de Isaí viva en esta tierra, ¡ni tú ni tu reino estarán seguros! Así que manda a buscarlo, y tráemelo, pues está condenado a morir.

—¿Y por qué ha de morir? —le reclamó Jonatán—. ¿Qué mal ha hecho?

Por toda respuesta, Saúl le arrojó su lanza para herirlo. Así Jonatán se convenció de que su padre estaba decidido a matar a David. (1 Samuel 20.30–33)

La ira descontrolada, incitada por el enemigo de Dios, siempre nos destruye. Reflexiona en uno de los versículos más tristes de todo el canon bíblico: «El Espíritu del Señor se apartó de Saúl» (1 Samuel 16.14). Saúl se negó a ponerse de rodillas ante Dios, y el Señor lo dejó consumirse en su propio mal genio.

Cuando rechazamos al Espíritu y nos sometemos a nuestra propia humanidad destrozada, siempre perdemos. Saúl olvidó que servía a un Dios soberano. Olvidó que mientras Dios no hubiera terminado con él, no importaba cuántos ejércitos marcharan en su contra; invariablemente prevalecería.

Apartamos la mirada de nuestro Padre a nuestro propio riesgo. Cuando endurecemos nuestros corazones, como hizo Saúl, y rechazamos la misericordia y la gracia de Dios, perdemos algo más en la pugna: la bondad y la verdad divinas.

Saúl no tenía razón para vivir. El temor al hombre había reemplazado al temor a Dios, un cambio deprimente. Aunque el temor a Dios nos lleva a un lugar seguro y fuerte, el temor al hombre nos conduce de manera inevitable a la desolación y el terror.

> Saúl le dijo a su escudero: «Saca la espada y mátame, no sea que lo hagan esos incircuncisos cuando lleguen, y se diviertan a costa mía». Pero el escudero estaba tan asustado que no quiso hacerlo, de modo que Saúl mismo tomó su espada y se dejó caer sobre ella. (1 Samuel 31.4)

Cuando los celos o la ira nos asedian (y lo más probable es que lo hagan en algún momento de nuestra vida) debemos recordar de dónde vienen y huir hacia Dios en busca de ayuda. Por la gracia de Dios, tenemos que luchar conscientemente como mujeres contra esta bestia. Los celos son un enemigo feroz que a menudo se presenta como un defensor. Las mentiras del enemigo no siempre son fáciles de reconocer.

¿Por qué capta ella toda la atención cuando Dios te ha dado tanto que decir?

Tú deberías hablar y ponerla en su lugar... por el bien de toda la iglesia.

Ceder a esas mentiras que llevan a la división y la destrucción produce una muerte espiritual en nosotras. Igual que Saúl, debemos elegir: ¿caeremos sobre nuestra propia espada o sobre la misericordia de Dios? Someter este aspecto de nuestra humanidad a la soberanía de Dios puede significar la diferencia entre la vida o la muerte espiritual para cada una de nosotras. Los celos son un dardo lanzado con precisión directamente desde la boca del infierno, y permitimos que tengan cabida en nosotras bajo nuestro propio riesgo.

Qué hacer con la ira

Mientras escribo estoy buscando varios correos electrónicos, cada uno relacionado con la ira. Escucha el dolor y la tensión en este:

Me divorcié de mi marido a causa de su infidelidad. Estaba muy enojada. Entonces, después de su aventura, yo también tuve un amorío, ya que sentí que merecía arruinar la vida de alguien más. Solo arruiné la mía.

Ojalá esta fuera la única de tales notas, pero tengo muchas más:

«Estoy muy enojada y amargada. No puedo perdonar ni lo haré».
«No puedo creer que mi esposo me engañara con ella. Me enojé
  tanto que lancé mi puño contra la pared de nuestra
  habitación y fui a parar en la sala de emergencias».
«Tengo mucho odio hacia los demás. Mi vida es un desastre, por
  lo que recurrí a las drogas en busca de ayuda. Estoy perdida».
«Me siento muy llena de rabia por la discapacidad con que nací.
  Tanto dolor, falta de perdón, vergüenza... mi incapacidad
  para vivir con mi incapacidad».

«Estoy muy enojada con mi padre por irse cuando yo era joven. Nunca lo perdonaré».

¿Qué debemos hacer con estos «vertederos de combustible»? La Biblia nos habla de tres aspectos cruciales:

1. Seamos lentas para la ira (Santiago 1.19).
2. Enojémonos, pero sin pecar (Efesios 4.26).
3. Abandonemos la ira (Efesios 4.31).

Sin embargo, *¿cómo?* ¿Cómo lo hacemos? ¿Cómo obedecemos? Cuando la ira hierve dentro de lo profundo de nuestro ser, retumbando y amenazando con estallar como un volcán, ¿cómo podemos dar marcha atrás? ¿Cómo podemos alinearnos otra vez con la Palabra de Dios? ¿De qué manera incluso descubrimos de dónde brota como lava esa ira?

Déjame contarte una historia acerca de una mujer que es muy querida para mí. Relataré su historia con su permiso. Se llama Davina.

Primer acto

Davina no estaba feliz con su nombre, el cual había pertenecido a su abuela paterna, quien según todo el mundo era un personaje.

—¿Por qué me pusieron el nombre de una mujer que fue tan mala y rencorosa? —le preguntó a su madre un día.

—Bueno, tu hermana recibió el nombre de mi madre, así que eso nos pareció justo —replicó su mamá.

¡Gracias a Dios que mi abuelo no fue Adolfo Hitler, o solo Dios sabe con qué iría a tener que lidiar mi hermano! pensó ella.

Davina *pensaba* muchas cosas, solo que nunca las expresaba en voz alta. Había perdido ese derecho mucho tiempo atrás cuando arruinó las vidas de todos en su familia. Ella no tuvo la intención de hacerlo, los niños casi nunca la tienen, pero de todos modos ocurrió.

Cuando su padre se ponía insoportable, Davina se volvía más alerta. Consideraba que su tarea era contener y absorber la ira de su papá, porque lo conocía y lo amaba como nadie más. No obstante, un día su método falló. Una niña de cinco años simplemente no puede controlar tanto. En medio de su ira, él tenía la intención de destruirla, pero ella se defendió... una decisión que lamentó la mayor parte de su vida. Las autoridades lo sacaron de casa y en medio de su desesperación él se quitó la vida. Nadie le dijo exactamente a Davina qué había sucedido. Ella solo vio que su mamá llegó ese día a casa con un vestido y un sombrero negros, quitó de la pared y el escritorio todas las fotos, y las guardó en una maleta debajo de la cama. Davina sabía que su madre nunca usaba ropa de color negro... odiaba vestir de negro.

Este debe ser un día lleno de odio, pensó Davina.

SEGUNDO ACTO

El segundo acto comenzó como si el primero nunca hubiera ocurrido. Nadie hablaba del incidente. Davina imaginó que todos lo hacían, pero se callaban cuando ella entraba a la sala. Y sabía que guardaban silencio porque el suicidio ocurrió por su culpa.

En realidad, nadie la *culpó* alguna vez. Solo parecían tristes todo el tiempo, lo que la hacía sentir mucho peor. Así que Davina se esforzó mucho por hacerles la vida más fácil a todos los demás. Incluso cuando alguien le pedía que hiciera trabajos que no le correspondían, ella los llevaba a cabo. Debía hacerlo, ¿verdad? La niña perdió el derecho de hablar debido a lo que había hecho. Una vida entera no bastaría para compensar su error.

La noche en que Davina le entregó su vida a Cristo obtuvo mucho más de lo que esperaba. Dios le dio una segunda oportunidad. Ella descubrió esa noche no solo que tenía una relación con Jesús, sino que también tenía un nuevo Padre. Y *no* le fallaría a este Padre, *costara lo que costara*.

Costara lo que costara.

¡Costara lo que *costara*!

Tercer acto

Si Davina se miraba en el espejo, podía ver por qué otros pensaban que ella era una mujer hecha y derecha. Usaba un disfraz irreprochable, y sabía todo lo que debía decir.

«Por supuesto que lo haré. No hay problema».

«¿No se presentarán? No te preocupes... yo lo haré».

«Tienes razón; no lo hice bien hoy. Lo siento *mucho*».

«Entiendo perfectamente por qué te resulta difícil amarme. Yo tampoco me amo».

Aislada. A Davina le gustaba esa palabra. El mundo se sentía más seguro cuando ella permanecía dentro de una cajita. Sí, esto también resultaba un poco frío y solitario, pero eso tan solo parecía justo para alguien que había hecho lo que ella hizo.

Segura
Aislada
Sonriendo en todo momento
¡Diciendo que sí a todo!

Cuarto acto

Estaba cansada. Davina se sintió *muy* cansada. Se había vuelto cada vez más difícil pensar con claridad. Se paró frente al cajero automático, mirando el teclado.

¿Cuáles son los cuatro dígitos? Vamos, tú sabes eso.

Observó cómo la máquina del banco engullía su tarjeta... y supo que el problema acababa de empezar. Ella era una mujer adulta que no podía recordar cuatro simples dígitos. Estaba comenzando a derrumbarse de adentro hacia afuera.

Los susurros la seguían a cualquier lugar que fuera. Algunas miradas parecían amables; mientras que otros la observaban como si ella fuera una inmunda. Solo una cuestión permanecía: «¿Qué ocurre en el circo cuando el espectáculo termina? Se apagan las luces».

Quinto acto

—Quiero que mire este diagrama y me deje saber qué emociones está usted sintiendo exactamente ahora —dijo él.

Davina trató de enfocarse en la voz del médico. Miró el diagrama. No parecía estar en castellano.

Vergüenza
Miedo
Soledad
Ira
Tristeza

—No sé qué quiere usted decir —contestó finalmente, demasiado cansada para intentarlo y hacerlo bien.

—Cuando usted mira esto —explicó él—, ¿está triste... asustada? ¿Qué siente ahora mismo?

—No siento nada —dijo Davina mirando el diagrama y después al médico.

Sin embargo, él no renunciaría fácilmente.

Davina debió haberle advertido.

¿Nadie le habló acerca de ella? Él simplemente no se detendría.

La mujer levantó una silla y la lanzó a través del salón con suficiente fuerza para detener a un ejército.

—*Así es* como me siento —rugió—. ¿Le parece bien?

—Eso está muy bien —contestó el médico con la sonrisa más amable que ella había visto—. Ahora podemos comenzar.

Sexto acto

«Mi nombre es Sheila Davina Walsh, y no tengo idea de por qué estoy aquí».

Esa fue mi frase de presentación en mi primer devocional matutino con un grupo de otros diez pacientes. Sus frases parecían mucho mejores.

«Soy John, y estoy aquí porque intenté suicidarme a causa de...
Creo que soy homosexual y no sé qué hacer con eso».

«Me llamo Sarah, y estoy aquí porque no como. Creo que estoy
gorda, pero peso noventa y dos libras».

Esa fue la primera mañana de mi viaje de regreso a la vida, de la
rabia a la restauración.

La verdad es que he vivido con la ira y el miedo enterrados muy
hondo desde que tenía cinco años. Nunca di la apariencia de estar enojada o tener temor. Aprendí a ocultarlo, pero tales sentimientos siempre
estuvieron debajo de la superficie. La enfermedad de mi padre y su
consecuente conducta violenta no tuvieron nada que ver conmigo, pero
yo lo amaba con todo mi corazón de cinco años de edad, así que no
«capté» eso. Solo sabía que en lugar de dejar que papá descargara el
bastón en mi cabeza, se lo quité de la mano, y él cayó al suelo gritando
como un animal. Unos hombres con batas blancas se lo llevaron ese
día, y murió a los treinta y cuatro años de edad en el río detrás del hospital psiquiátrico a donde había ido como paciente.

Sabía que eso fue mi culpa. Si tan solo hubiera permanecido parada allí y aceptado el golpe, mamá aún tendría esposo, y mi hermano y
mi hermana todavía tendrían un papá. Sin embargo, elegí vivir, y debía
pagar por esa decisión. Mientras crecía, eso era lo que yo pensaba. No
obstante, una parte de mí se sentía ferozmente enojada de que yo creye-
ra que así fueron las cosas.

> El peso de este triste presente debemos asumir,
> Decir lo que sentimos, y no lo que deberíamos decir.
> —William Shakespeare, *Rey Lear*[2]

La verdad es que cosas malas ocurren en este mundo, y con mucha
frecuencia llevamos el peso sobre nosotras. Esto casi nos mata. A mí
casi me destruye.

Sentía ira porque mi padre había intentado hacerme daño.

Sentía ira porque los hombres se lo llevaron y yo debí vivir en una
familia con una pieza tan esencial faltante.

Sentía ira porque él se había suicidado y me dejó con las consecuencias de su decisión.

No obstante, por sobre todo, sentía ira conmigo misma porque abandoné a esa valiente niña de cinco años que se atrevió a defenderse. La castigué por sobrevivir, encerrándola en el sótano.

¿Sabes cuál fue el mayor regalo que recibí durante mi estadía de un mes en un hospital psiquiátrico? Comencé a entender que está bien ser simplemente humana y decir la verdad antes de que la vergüenza me consumiera.

Mi médico sugirió que le escribiera una carta a mi padre. Le recordé que papá había muerto mucho tiempo atrás, pero él insistió.

«Escriba todo. No modifique nada. Solo exprésalo».

Al principio me sentí tonta. Sin embargo, cuando comencé a escribir, pareció como si hubiera destapado un río. Cada cosa comenzó a fluir, y le hablé a papá acerca de todo. Una vez que terminé me costó leer algunas partes, ya que mis lágrimas habían manchado las páginas. Nunca había hecho algo tan brutalmente sincero, y supe que deseaba volver a donde comenzó todo. Nunca había visitado la tumba de papá. Mamá había ido solo una vez: el día que lo enterraron. Ella nunca volvió a visitar ese nicho.

Volé a casa en Escocia para descubrir que ninguna lápida marcaba la tumba de mi padre. Mamá no recordaba dónde, en este enorme cementerio, habían depositado el cadáver. Pensé que había desperdiciado el viaje hasta que descubrí un número de parcela asignado a mi padre en los registros de nuestra ciudad.

Encontré el lugar.

Recuerdo ese día como si fuera ayer. Me senté al lado de la pequeña parcela de tierra que sirvió como último lugar de descanso de mi papá. Leí la carta en voz alta, y para cuando terminé, mi cabeza reposaba sobre el pasto. Solo pude decir: «Lo siento mucho, papá».

No obstante, esta vez fue una clase diferente de lamento. No sentía lástima por lo que yo había vivido, sino por el profundo quebranto y la enfermedad de papá. Y perdoné a los dos, tanto a mi padre como a mí misma. Ese día salí de allí con mi padre, pues mi relación con él se restauró después que se hiciera añicos más de treinta años atrás cuando yo tenía cinco.

Debido a las consecuencias que podrían producirse, durante años tuve demasiado miedo de permitir enojarme. No entendía que el peligro más grande resulta cuando no tratamos con esa ira, sino la enterramos en el sótano de nuestras vidas. Pensé que contenerla en mi interior era bueno, pero en esencia terminé reprimiendo todo lo demás: alegría, paz, esperanza, amor y vida.

He dejado el tema de tratar con la ira a fin de conseguir restauración para el último capítulo por un par de razones.

Primero, se trata de algo profundamente personal. Durante años creí la mentira del enemigo en cuanto a que el momento en que me permití defenderme y vivir fue el que destruyó a mi familia. Era como si yo hubiera escogido poner mi corazón en estado de coma. A un amigo mío lo pusieron en un coma médicamente inducido por algunos días a fin de dejar que su cuerpo se recuperara de una herida traumática. Cuando comenzó a sanar, los médicos lo sacaron del coma. Sin embargo, cuando te haces eso a ti misma, quedas atrapada. Bueno, eso es lo que yo creía. Estaba equivocada. Hay un Gran Médico que es más fuerte y misericordioso de lo que alguna vez entenderemos. Él es quien le devuelve la vida a las cosas muertas. Soy testigo de esa verdad.

La segunda razón por la que dejé este tema para el final es porque espero que en este momento ya confíes un poco en mí, pues resulta un tema difícil de tratar, y sin embargo, todo el tiempo encuentro mujeres que se hallan como yo estaba. La rabia está contenida, pero de vez en cuando se escapa. De todas las emociones con que tratamos como mujeres, la ira tiene el poder más devastador y es de la que más nos cuesta hablar. Cuando sentimos que empieza a agitarse, es como un torbellino, un remolino que podría arrastrarnos bajo el agua y al que no sobreviviremos. Comprendo estos sentimientos. Sé que hay días en que te gustaría golpear la pared con el puño, pero solo lavas una carga más de ropa sucia y sigues igual. La rabia nos aterra.

¿Y si la descargamos en nuestros hijos?

¿Y si decimos o hacemos algo y no podemos deshacerlo?

¿Y si lo arruinamos todo?

¿Y si la tormenta dentro de nosotras es demasiado grande como para contenerla?

Detengámonos aquí, chicas, y declaremos juntas que todo eso es una mentira que viene de la boca del infierno. El enemigo quiere mantenernos en una profunda prisión de rabia, haciéndonos creer que estamos perdidas y sin esperanza.

No estamos perdidas.

No nos encontramos sin esperanza.

Hemos sido redimidas.

Cristo pagó todo para que pudiéramos vivir, no solo sobrevivir... ¡vive!

A los dieciséis años me eligieron para participar en una obra de teatro del colegio que trataba acerca de las emociones en el alma de un hombre que estaba a punto de suicidarse. Me dieron el papel de la ira. Encontré claustrofóbico representar aquel papel, para el cual estaba cubierta de pies a cabeza con una red roja que me apretaba alrededor de los tobillos mientras me movía. El dramaturgo había escrito la obra de tal manera que nadie más en el escenario podía controlarme. El miedo era demasiado débil, así que de un golpe lo envié lejos. La lógica era fría y fácil de hacerle caso omiso. Los momentos finales de la representación fueron devastadores... porque gané.

Entendí esa obra demasiado bien. Si estás luchando con la rabia, el gran temor es que al final nadie podrá controlarte y esa rabia ganará. A ese temor le digo:

Eres un enemigo derrotado.

Todavía te sientes poderoso, pero tu poder es ilusorio, ya que Cristo te asestó un golpe mortal en la cruz.

No soy fuerte, pero descanso a la sombra de aquel que soportó lo
peor que tenías para atacar y resucitó victorioso.

En el nombre de Jesús... ¡tú pierdes!

Genialidades a través de un lienzo
Movimientos audaces... salpicaduras de color por doquier
Sin trabas y llena de sueños
Bajo el divino pincel el lienzo cobra vida
Impresionada, cercana
Quedo asombrada
Luego él me sumerge el dedo en la pintura y me convierto en una
parte
Es como si yo estuviera pintando como Picasso
Y cuando Dios toma mi mano la pintura en las suyas se derrama en
la mía
Un nuevo color ha nacido

—Anotación en mi diario

PERMANECE FIRME EN MEDIO DE TU TORMENTA

A medida que este libro llega a su fin, oro por ti. No conozco ni puedo
imaginar el dolor, la pérdida, la herida que has escondido en las fibras
de tu alma. Sin embargo, ¿podría contarte una de las mayores lecciones
que he aprendido en la vida? Dios es lo suficiente grande para encargar-
se de *todos* nuestros asuntos. Lo aprendí en etapas.

1. Aprendí a confiar en Dios como aquel a quien puedo contarle
cada cosa. En toda relación elegimos de qué hablar, pero con
Dios, exprésalo todo. ¡Nunca conocerás a un amigo como
Cristo!

2. Si te sientes enojada, vuélvete a él. No niegues tu ira ni acribilles con tu dolor a quienes te rodean. Habla de ello primero con Dios. Encuentra un lugar tranquilo y grita si quieres. Simplemente deja salir todo. Derrama la rabia y el quebranto hasta que te sientas agotada.

3. Luego permite que él te sostenga y te consuele. ¡Para el enemigo debe ser horrible y detestable que confiemos tanto en Dios como para contarle toda la verdad!

Señor Jesucristo:

Gracias por amarme, por amar todo de mí.

Gracias por invitarme a venir y derramar mi dolor a tus pies.

Traigo la rabia que he tenido enterrada profundamente y la dejo aquí.

¡Soy amada, estoy restaurada, he sido redimida!

Amén.

Epílogo

Hijas de aquel que le habla
a las tormentas

*Un buen soldado en un país enemigo debe estar alerta en todo
lugar y en todo momento. Esta ha sido una de las reglas de mi
vida, y si he vivido para pintar canas es porque he observado esto
que digo.*

—Sir Arthur Conan Doyle, *Hazañas y aventuras
del brigadier Gerard*

*Por la mañana hazme saber de tu gran amor,
porque en ti he puesto mi confianza.
Señálame el camino que debo seguir,
porque a ti elevo mi alma.*

—Salmos 143.8

Finalmente he elaborado una buena respuesta para este fastidioso asunto: «Cuéntanos algo acerca de ti que tu audiencia no conozca».

Mi hijo me hace llevar una navaja Suiza cuando saco a nuestros perros a caminar en la noche. Es ridículo, lo sé, pero esto lo hace sentir mejor.

Todo comenzó cuando avistamos a un gato montés en el patio trasero de nuestro vecino. El animal simplemente estaba echado allí una mañana en la parte superior de la parrilla, como si fuera a dar un discurso. Mi vecino gritó, el gato montés lanzó un chillido, y mis perros enloquecieron. La mañana se hizo infinitamente más interesante de lo normal mientras observábamos cómo esta belleza gris y marrón desaparecía en el bosque.

Esa noche, como de costumbre, llamé a Belle y Tink para llevarlos a su paseo nocturno. Cuando les ponías sus correas, Christian se apareció con un arma letal en la mano.

—¿Para qué es eso? —pregunté mientras él me ofrecía la navaja en que confiaba.

—Es para protección, mamá —contestó—. El gato montés está allá afuera en alguna parte, al acecho.

—¿Cómo sabes que está al acecho? —pregunté en voz alta.

—Es lo que ellos hacen, mamá... ¡estar al acecho!

Miré la navaja de bolsillo y me pregunté cómo iría a usarla contra un ataque repentino de una bestia con colmillos al acecho.

—Si el felino ve que tienes un arma —continuó él—, lo más probable es que huya.

Lo dijo con la confiada seguridad de quien está a punto de enviar a la batalla a su madre bien equipada.

Me siento feliz de informar que nunca he tenido que usar la navaja, por lo que el orgullo del gato montés se mantiene intacto. Sin embargo, cada vez que veo esa cuchilla al lado de las correas en la puerta principal, me acuerdo de que cada momento de cada día se libra una furiosa batalla a nuestro alrededor. Si menospreciamos nuestras armas, lo hacemos a nuestro propio riesgo.

Somos extranjeras en esta tierra. Este no es nuestro hogar. El príncipe de las tinieblas que gobierna aquí está empeñado en destruirnos, pero Dios nos ha proporcionado armas de guerra poderosas.

En nuestras faldas o nuestros jeans ceñidos quizás no parezcamos guerreras poderosas para el observador casual, pero escúchenme, hijas de Rey: ¡somos una fuerza para ser tenida en cuenta! Así lo escribió Pablo a la iglesia en Corinto:

Aunque vivimos en el mundo, no libramos batallas como lo hace el mundo. Las armas con que luchamos no son del mundo, sino que tienen el poder divino para derribar fortalezas. (2 Corintios 10.3–4)

En este libro he tratado muchos de los asuntos que el enemigo usa para atormentarnos. Si él pudiera, los usaría para conseguir que nos alejáramos de la fe en Cristo. ¡Sin embargo, en el nombre y el poder del Señor Jesucristo resucitado que regresará pronto, *no* desertaremos! Cuando hacemos el compromiso de no vivir ya por lo que *sentimos* que es verdad, sino por lo que la Palabra de Dios nos dice que es cierto, podemos resistir en medio de las tormentas más fuertes de la vida.

Te insto, querida hermana, a preparar un arsenal proveniente de la Palabra de Dios muy profundo dentro de tu espíritu. Haz oraciones cuando coloques cada pieza de ropa sucia en la lavadora. Unge todos los umbrales en tu casa, orando que todo aquel que entre sienta la paz y la presencia de Cristo.

La Biblia deja en claro que nadie más que el Padre sabe la hora del regreso de Cristo. Sin embargo, cuando vuelva quiero estar lista, esperando, peleando y atenta a su aparición. Hasta que él venga, las tormentas continuarán aullando en nuestro interior... pero seguimos a aquel que les habla a las tormentas y ordena que se calmen. ¡No estás sola! Nunca lo has estado, y nunca lo estarás. Dios obra durante toda la noche, incluso a través de la tormenta más tenebrosa.

En 1956, Cecil B. DeMille dirigió la gran película *Los diez mandamientos*, en la que Moisés, el príncipe egipcio nacido hebreo, se convierte en el liberador de los esclavos hebreos. Es difícil olvidar ese instante en que Charlton Heston, representando a Moisés, levanta su vara sobre el mar Rojo y en diecisiete segundos las aguas se dividen. Ese fue un momento de puro drama allá en 1956, pero no es la manera en que sucedió. La forma en que ocurrió es mucho más significativa para nosotros cuando enfrentamos las tormentas inevitables de la vida. Leemos la historia en Éxodo 14.

Moisés extendió su brazo sobre el mar, y toda la noche el Señor envió sobre el mar un recio viento del este que lo hizo retroceder, convirtiéndolo en tierra seca. Las aguas del mar se dividieron, y los israelitas lo cruzaron sobre tierra seca. El mar era para ellos una muralla de agua a la derecha y otra a la izquierda. (Éxodo 14.21–22)

¡Durante toda la noche! No sucedió en un instante. Dios estuvo obrando toda la noche en medio de la oscuridad. No sabemos cuánto tiempo durará la noche, pero sí sabemos esto: sin importar cómo resulten las cosas, Dios estará obrando... ¡toda la noche! Únicamente la luz de la mañana revelará lo que él ha hecho. No te desesperes ni renuncies en medio del caos que sientas. Apóyate firme en lo que sabes que es verdadero. Nuestro Salvador ha ido adelante con el fin de preparar un lugar para nosotras, y regresará y nos llevará a casa. ¡Mantente firme y con la cabeza en alto! ¡Eres de la realeza! ¡Eres una hija del Rey de todos los reyes!

Permíteme dejarte con el hermoso encargo que Pablo le hace a su más querido discípulo, Timoteo:

En presencia de Dios y de Cristo Jesús, que ha de venir en su reino y que juzgará a los vivos y a los muertos, te doy este solemne encargo: Predica la Palabra; persiste en hacerlo, sea o no sea oportuno; corrige, reprende y anima con mucha paciencia, sin dejar de enseñar. Porque llegará el tiempo en que no van a tolerar la sana doctrina, sino que, llevados de sus propios deseos, se rodearán de maestros que les digan las novelerías que quieren oír. Dejarán de escuchar la verdad y se volverán a los mitos. Tú, por el contrario, sé prudente en todas las circunstancias, soporta los sufrimientos, dedícate a la evangelización; cumple con los deberes de tu ministerio. Yo, por mi parte, ya estoy a punto de ser ofrecido como un sacrificio, y el tiempo de mi partida ha llegado. He peleado la buena batalla, he terminado la carrera, me he mantenido en la fe. Por lo demás me espera la corona de justicia que el Señor, el juez justo, me otorgará en aquel día; y no sólo a mí, sino también a todos los que con amor hayan esperado su venida. (2 Timoteo 4.1–8)

Reconocimientos

Deseo agradecer a las siguientes personas por su valiosísima ayuda en la escritura de este libro:

Steve Halliday y Larry Libby. He aprendido mucho de ustedes en cuanto al delicado arte de escribir. Ustedes toman mis pensamientos e ideas y me ayudan a presentarlas de forma tal que resulten accesibles a todos. ¡Gracias!

Bryan Norman. Has avanzado ahora hacia nuevas oportunidades, pero estoy profundamente agradecida por el trabajo que hiciste en este libro. Más que eso, has sido un animador, un crítico fiel y un querido amigo.

Brian Hampton. Mi vida sigue siendo favorecida y extendida gracias a tu liderazgo y apoyo.

Janene MacIvor y el equipo editorial de Thomas Nelson, que se han esforzado por la excelencia y trabajado duro para hacer realidad esta obra.

Julie Allen y James Phinney. Por la creativa y eficaz portada y el diseño interior.

Chad Cannon, Stephanie Tresner y Emily Lineberger. Es un placer trabajar con ustedes. Me encanta su pasión y compromiso para llevar el mensaje a tantas personas como sea posible y con gran claridad.

Esther Fedorkevich y el personal en la Agencia Fedd. Es un honor estar representada por ustedes, que muestran muy bien a Cristo y su reino.

Women of Faith. Este es mi decimoctavo año sirviendo en el escenario con algunas de las más increíbles hermanas y amigas que alguna vez pude esperar. Le hemos dado la bienvenida a cinco millones de invitadas y hemos visto a más de 366.000 mujeres rendirle sus vidas a Cristo. Me cuesta esperar a fin de ver lo que Dios tiene preparado para nosotras este año. ¡Un avivamiento!

Como siempre, mi amor, mi gratitud y mi corazón le pertenecen a mi esposo, Barry, y a nuestro querido hijo, Christian.

La más profunda lealtad de mi corazón y mi vida siempre serán para mi Señor y Salvador, Jesucristo, aquel ante quien toda tormenta se deberá inclinar.

En su angustia clamaron al SEÑOR,
y él los sacó de su aflicción.
Cambió la tempestad en suave brisa:
se sosegaron las olas del mar. (Salmos 107.28–29)

Notas

Capítulo uno: Cuando un tsunami golpea el corazón: de la angustia a la fortaleza

1. Juliet Marillier, *Daughter of the Forest* (Sidney, Australia: Pan Macmillan, 1999, 2008), p. 139.

Capítulo dos: Un invierno prolongado y sombrío: de la desilusión a la esperanza

1. Herman Melville, Carta a Nathaniel Hawthorne, junio de 1851, http://xroads.virginia. edu/~ma96/atkins/cmletter.html.
2. Miroslav Volf, *The End of Memory: Remembering Rightly in a Violent World* (Grand Rapids: Wm. B. Eerdmans, 2006), p. 79.

Capítulo tres: Cómo navegar en aguas traicioneras: de la falta de perdón a la libertad

1. C. S. Lewis, *Mero cristianismo* (Madrid: Rialp, 1995), p. 128.
2. Michael Duduit, *Handbook of Contemporary Preaching* (Nashville: Broadman Press, 1992), p. 175.
3. Robert J. Morgan, *Nelson's Complete Book of Stories, Illustrations and Quotes* (Nashville: Thomas Nelson, 2000), p. 312.
4. R. T. Kendall, *Perdón total* (Lake Mary, FL: Casa Creación, 2004), capítulo uno, versión digital.
5. Dick Tibbits, *Forgive to Live* (Nashville, TN: Integrity Publishers, 2006), p. 91 [*Perdona para vivir* (Miami: Unilit, 2009)].
6. Ibid., p. 97.

Capítulo cuatro: Cubiertas por Cristo: de la vergüenza al amor

1. Nathaniel Hawthorne, *La letra escarlata* (Nueva York: D. Appleton, 1903), p. 65.
2. Alien Youth Army, «Annie Lobert Testimony – Video», 3 abril 2013, www.alienyoutharmy.com/annie-lobert-testimony-video/.
3. Para escuchar la historia de Annie Lobert, visite I Am Second, «Annie Lobert: The Story», http://www.iamsecond.com/seconds/annie-lobert/.
4. Edward T. Welch, *Shame Interrupted* (Greensboro, NC: New Growth Press, 2012), p. 12.
5. Ibid, p. 78.
6. Para más información sobre el ministerio de Annie, visite Hookers for Jesus, http://hookersforjesus.net.

Notas

Capítulo cinco: Una tormenta silenciosa: del lamento al descanso
1. The A21 Campaign, www.theA21campaign.org.

Capítulo seis: Rayos y truenos: del temor al gozo
1. Ronald C. Kessler y otros, «Lifetime prevalence and age-of-onset distributions of mental disorders in the World Health Organization's World Mental Health Survey Initiative», *World Psychiatry*, 6, no. 3 (octubre 2007), pp. 168–176, http://www.ncbi.nlm.nih.gov/pmc/articles/PMC2174588/.

Capítulo siete: De maltratadas a hermosas: de la inseguridad a la confianza
1. National Center for Victims of Crime, «Child Sexual Abuse Statistics», http://www.victimsofcrime.org/media/reporting-on-child-sexual-abuse/child-sexual-abuse-statistics.
2. Sheila Walsh, *Honestly* (Grand Rapids: Zondervan, 1997), capítulo 1, versión digital.
3. Nancy Haught, National Center for Victims of Crime, «Child Sexual Abuse Statistics», *The Oregonian*, 10 febrero 2013, L1, http://www.oregonlive.com/living/index.ssf/2013/02/just_in_time_for_lent_a_new_se.html.
4. David Baron, *The New Order of the Priesthood* (Jerusalén: Keren Ahvah Meshihit, 2007), pp. 9–10, nota.
5. Hillsong Music, «Beneath the Waters (I Will Rise)», del disco Hillsong Live (Sidney, Australia: Cornerstone, 2012).

Capítulo ocho: Un nuevo amanecer: de la insignificancia al valor
1. Lewis Carroll, *Alicia en el país de las maravillas* (Nueva York: Random House, 2011), p. 24.
2. Huldah Buntain, *Treasures in Heaven* (New Kingston, PA: Whitaker House, 1989).
3. Calcutta Mercy Hospital, «About Calcutta Mercy Hospital», http://www.calcuttamercyhospital.org/about.
4. Dustin Hedrick, «1949 Revival in the Hebrides Islands, Scotland», *Renaissance of a Soul* (blog), 7 enero 2009, http://holyworldwide.com/dustinhedrick/?p=768.
5. Carolyn Curtis James, *Lost Women of the Bible* (Grand Rapids: Zondervan, 2005), p. 151.

Capítulo nueve: De pie sobre la roca: de la desesperación a la fe
1. Julio Verne, *Viaje al centro de la tierra* (Madrid: Paradimage Soluciones, 2013), p. 162.
2. Garfield, por Jim Davis, viernes, 19 mayo 2006, http://garfield.com/comic/2006-05-19.
3. Daniel Leonard, 3eanuts, http://3eanuts.com.
4. Despair, Inc., http://www.despair.com.
5. Viktor Frankl, *Man's Search for Meaning* (1959; reimpr. Boston: Beacon Press, 2000), p. 82 [*El hombre en busca de sentido* (Barcelona: Herder, 1998)].
6. Horatio Spafford (1828–1888), «It is Well», trad. al español como «Alcancé salvación» por Pedro Grado Valdés (1862–1923), dominio público.
7. Noah Webster, *American Dictionary of the English Language*, 1828, permiso para reimprimir esta edición: G & C Merriam Company, 1967, 1995, s.v. «Despair».
8. Simon Wells, *Power and Passion* (Grand Rapids: Zondervan, 2007), p. 80.

Capítulo diez: En un día despejado podemos ver el hogar: de la ira a la restauración
1. Tracy Turner, «Alienation leads to school violence, consultant says», *News-Sentinel*, Ft. Wayne, IN, 21 febrero 2001.
2. William Shakespear, *Rey Lear*, acto V, escena III, trad. Rolando Costa Picazo (Buenos Aires: Colihue, 2004).

ACERCA DE LA AUTORA

Sheila Walsh es una poderosa comunicadora, maestra de la Biblia y laureada escritora con más de cuatro millones de libros vendidos. Como oradora principal de Women of Faith, ha llegado a más de cinco millones de mujeres al combinar artísticamente sinceridad, vulnerabilidad y humor con la Palabra de Dios.

Es la autora de *Dios ama a las personas rotas*, el libro de recuerdos que fue un éxito de ventas *Honestly* [Francamente] y el nominado para el Medallón de Oro, *The Heartache No One Sees* [El dolor que nadie ve]. Además, *El refugio de las promesas de Dios* se ha convertido también en un plan de estudios y un estudio profundo de la Biblia en DVD. El libro y la serie en vídeo *Gigi, God's Little Princess* [Gigi, Princesita de Dios] ha ganado dos veces el premio Elección del Minorista Nacional y es la marca cristiana más popular para jovencitas en Estados Unidos.

Sheila copatrocinó *El Club 700* y su propio programa *Heart to Heart with Sheila Walsh* [De corazón a corazón con Sheila Walsh]. Actualmente está terminando su maestría en teología.

Twitter @SheilaWalsh, facebook.com/#!sheilawalshconnects.